T0194352

Sammlung Metzler
Band 75

Sigfrid Hoefert

Das Drama
des Naturalismus

4., überarbeitete und ergänzte Auflage

Verlag J. B. Metzler
Stuttgart · Weimar

1. Aufl. (1.–5. Tsd.): 1973
2. Aufl. (6.–10. Tsd.): 1973
3. Aufl. (11.–15. Tsd.): 1979
4. Aufl. (16.–20. Tsd.): 1993

Die Deutsche Bibliothek – CIP-Einheitsaufnahme

Hoefert, Sigfrid:
Das Drama des Naturalismus / Sigfrid Hoefert. –
4., überarb. und erg. Aufl., 16.–20. Tsd.
– Stuttgart ; Weimar: Metzler, 1993
(Sammlung Metzler ; Bd. 75)
ISBN 978-3-476-14075-3
NE: GT

ISSN 0558 3667
ISBN 978-3-476-14075-3
ISBN 978-3-476-04133-3 (eBook)
DOI 10.1007/978-3-476-04133-3

SM 75

© 1993 Springer-Verlag GmbH Deutschland
Ursprünglich erschienen bei J. B. Metzlersche Verlagsbuchhandlung
und Carl Ernst Poeschel Verlag GmbH in Stuttgart 1993

EIN VERLAG DER SPEKTRUM FACHVERLAGE GMBH

Inhalt

Vorbemerkung

Obwohl bereits einige größere Arbeiten über den Naturalismus vorliegen, fehlt doch eine aus moderner Sicht geschriebene umfassende Darstellung des naturalistischen Dramas im deutschen Sprachraum. Louis Benoist-Hanappier »Le Drame naturaliste en Allemagne« (1905) bietet zwar eine sachliche und sehr eingehende Analyse der Eigenheiten des naturalistischen Dramas, doch war zur Zeit der Entstehung des Buches der historische Abstand noch nicht erreicht, der das Einnehmen jener Position ermöglicht hätte, die für eine Gesamtschau der naturalistischen Epoche und ihrer Nachwirkungen Voraussetzung gewesen wäre. Grete Litzmanns Studie über »Das naturalistische Drama« (1907) ist ein kurzes Referat, in dem sie sich mit der Technik des modernen Dramas befaßt. Emil Mauerhofs Werk, das zwar auch den anspruchsvollen Titel »Das naturalistische Drama« (1907) trägt, kann nicht ernst genommen werden; es ist eine kurzsichtige Polemik gegen alles und jedes, das mit den Bestrebungen der Naturalisten in Verbindung gebracht werden kann. Zwar gibt es auch eine ganze Reihe von Dissertationen und Aufsätzen, in denen Probleme oder Aspekte des naturalistischen Dramas behandelt werden, zwar stoßen wir in größeren Literaturgeschichten auf Kapitel, in denen die Hauptwerke des Naturalismus diskutiert werden, aber eine die Fakten sichtende und vermittelnde Neubeurteilung, die sich ausschließlich mit dieser Periode dramatischen Schaffens befaßt und auch das nötige Rüstzeug verfügbar macht, liegt m. W. nicht vor. Es ist daher Zweck der vorliegenden Arbeit, eine Übersicht über die Leistungen, die auf dem Gebiet des Dramas unter dem Einfluß des Naturalismus in Deutschland und Österreich entstanden sind, in gedrängter Kürze zu geben und damit zugleich Arbeitsgrundlagen für weitere wissenschaftliche Bemühungen.

Obwohl es diverse Naturalismen in der Geschichte des europäischen Geisteslebens gibt, wird es hier kaum nötig sein, den Begriff ›Naturalismus‹ abzugrenzen; denn in der modernen Literaturgeschichtsschreibung bezieht er sich fast immer auf jene literarischen Strömungen, die in den letzten Jahrzehnten des 19. Jhs. in Europa zutage traten, in Deutschland in den frühen neunziger Jahren ihren Höhepunkt erreichten und die literarische Entwicklung des 20. Jhs. entscheidend mitbestimmen sollten. Die Maxime der Naturalisten war die genaue Wiedergabe der Wirklichkeit in all ihren Aspekten;

das Streben nach Wahrheit in der Kunst war das Ziel, das sie sich gesetzt hatten, und das Drama war die von ihnen bevorzugte Kunstform. Zwar wurde auch auf dem Gebiet der Epik und Lyrik einiges geleistet, doch liegt das Schwergewicht entschieden im dramatischen Schaffen der Naturalisten und ihrer Anhänger.

Was die Anlage der vorliegenden Arbeit betrifft, so wird nach einer einführenden Zusammenfassung der Voraussetzungen das Werden und die Ausbreitung des naturalistischen Dramas im deutschen Sprachraum dargestellt und die diesbezügliche gegenwärtige Forschungslage beleuchtet. Das naturalistische Dramenwerk Gerhart Hauptmanns wird dabei in aller Kürze dargeboten, da in der ›Sammlung Metzler‹ ein eigener Band über diesen Dichter erscheinen wird. In den bibliographischen Abschnitten werden neben den rein technischen Angaben (Erstdrucke, Uraufführungen) die wissenschaftlich brauchbaren Gesamt- und Sammelausgaben, aufschlußreiche Selbstzeugnisse sowie die wichtigsten Arbeiten über die jeweils besprochenen Werke und Dichter angeführt.

Für manche Hilfeleistung bin ich meinen Kollegen Manfred Richter und Edmund Heier zu Dank verpflichtet. Auch dem Canada Council möchte ich an dieser Stelle für die mir gewährte finanzielle Unterstützung Dank sagen.

Waterloo/Ontario   *Sigfrid Hoefert*

Vorbemerkung zur 2. Auflage

Für die Neuauflage des vorliegenden Bandes der »Sammlung Metzler« konnten an einigen Stellen Verbesserungen vorgenommen werden. Auch sind die Literaturangaben auf den neuesten Stand gebracht worden. Berücksichtigt wurden Neuerscheinungen und Zeitschriftenaufsätze, die bis Herbst 1972 veröffentlicht und erhältlich waren. Zudem konnten die Literaturangaben älteren Datums hier und da ergänzt werden.

Den Kritikern möchte ich an dieser Stelle für ihre Bemühungen danken. Den Hinweisen bin ich nachgegangen, jedoch schien mir die Aufnahme zusätzlicher Werke bzw. neuer Schriftsteller nicht gerechtfertigt. In allen Fällen handelt es sich um Randerscheinungen bzw. um Dramen, die sich mit den angeführten naturalistischen Werken schwerlich auf einen Nenner bringen lassen. Die Reihe der semi-naturalistischen Stücke würde durch die Aufnahme solcher Werke an Umfang gewinnen, jedoch den Rahmen dieser Studie in ungebührlichem Maße erweitern. Was die Erörterung poetologischer Fragen und die nähere Bestimmung der Besonderheiten des Begriffs »Naturalismus« betrifft, so wäre dies eine verlockende (und noch zu leistende) Aufgabe, doch ist die »Sammlung Metzler« dafür nicht der rechte Platz.

Für Hilfeleistungen diverser Art möchte ich an dieser Stelle Herrn B. Moscinski danken.

Waterloo/Ontario   *Sigfrid Hoefert*

Vorbemerkung zur 3. Auflage

Text und Literaturangaben wurden für die Neuauflage durchgesehen, korrigiert und ergänzt. Berücksichtigt wurden Arbeiten, die bis Herbst 1978 veröffentlicht und erhältlich waren.

Waterloo/Ontario   *Sigfrid Hoefert*

Vorbemerkung zur 4. Auflage

Text und Literaturangaben wurden auf den neuesten Stand gebracht. Berücksichtigt wurden Arbeiten, die bis Spätherbst/Winter 1992 vorlagen.

Waterloo/Ontario   *Sigfrid Hoefert*

Abkürzungen

AslPh.	=	Archiv für slavische Philologie.
AUMLA	=	Journal of the Australasian Universities Language and Literature Association.
BJb.	=	Biographisches Jahrbuch und Deutscher Nekrolog.
BuW	=	Bühne und Welt.
DBJb.	=	Deutsches Biographisches Jahrbuch.
DU	=	Der Deutschunterricht.
DVjs.	=	Deutsche Vierteljahrsschrift für Literaturwissenschaft und Geistesgeschichte.
EG	=	Études Germaniques.
Euph.	=	Euphorion.
FB	=	Freie Bühne.
Geg.	=	Die Gegenwart.
Ges.	=	Die Gesellschaft.
GGA	=	Göttingische Gelehrte Anzeigen.
GLL	=	German Life and Letters.
GQ	=	The German Quarterly.
GR	=	The Germanic Review.
GRM	=	Germanisch-Romanische Monatsschrift.
GW	=	Germanica Wratislaviensia.
Hj.	=	Halbjahr
Jb.	=	Jahrbuch
JEGPh.	=	Journal of English and Germanic Philology.
JDBL	=	Jahrbuch deutscher Bibliophilen und Literaturfreunde.
JASRA	=	Journal of the International Arthur Schnitzler Research Association.
KN	=	Kwartalnik Neofilologiczny.
Kw.	=	Der Kunstwart.
LE	=	Das literarische Echo.
LR	=	Literarische Revue.
MAL	=	Modern Austrian Literature
MDL	=	Monatsblätter für deutsche Literatur.
MfL	=	Das Magazin für Literatur.
MGS	=	Michigan Germanic Studies
MH	=	Monatshefte für deutschen Unterricht.
MLN	=	Modern Language Notes.
MLQ	=	Modern Language Quarterly.
MLR	=	Modern Language Review.
MNL	=	Monatsschrift für neue Literatur und Kunst.
MPh.	=	Modern Philology.
MuK	=	Maske und Kothurn.

NDH	=	Neue Deutsche Hefte.
NDL	=	Neue Deutsche Literatur.
NDR	=	Neue Deutsche Rundschau.
NGHG	=	Nachrichten der Gießener Hochschulgesellschaft.
NGS	=	New German Studies
NL	=	Die Neue Literatur.
NPh.	=	Neophilologus.
NR	=	Neue Rundschau.
NuS	=	Nord und Süd.
OL	=	Orbis Litterarum.
OMh.	=	Ostdeutsche Monatshefte.
PJb.	=	Preußische Jahrbücher.
PMLA	=	Publications of the Modern Language Association of America.
Qu.	=	Quartal
RG	=	Revue Germanique.
RL	=	Reallexikon der deutschen Literaturgeschichte
RLC	=	Revue de Littérature comparée.
RLV	=	Revue des Langues vivantes.
SL	=	Die schöne Literatur.
SMh.	=	Sozialistische Monatshefte.
SuF	=	Sinn und Form
Tü.	=	Der Türmer.
VKMh.	=	Velhagen und Klasings Monatshefte.
WB	=	Weimarer Beiträge.
WMh.	=	Westermanns Monatshefte.
WuW	=	Wort und Wahrheit.
WW	=	Wirkendes Wort.
WZHUB	=	Wissenschaftliche Zeitschrift der Humboldt-Universität Berlin.
WZUH	=	Wissenschaftliche Zeitschrift der Martin-Luther-Universität Halle-Wittenberg.
ZfÄ	=	Zeitschrift für Ästhetik und allgemeine Kunstwissenschaft.
ZfDk.	=	Zeitschrift für Deutschkunde.
ZfdB	=	Zeitschrift für deutsche Bildung.
ZfdPh.	=	Zeitschrift für deutsche Philologie.
ZfdU	=	Zeitschrift für den deutschen Unterricht.
ZfG	=	Zeitschrift für Germanistik.
ZfS	=	Zeitschrift für Sozialforschung.
ZfSl.	=	Zeitschrift für Slawistik.
Zk.	=	Die Zukunft.

Abgekürzt zitierte Literatur

Ackermann, 1965 = W. Ackermann, Die zeitgenössische Kritik an den deutschen naturalistischen Dramen (Hauptmann, Holz, Schlaf). Diss. München 1965.

Arnold, 1908 = R. F. Arnold, Das moderne Drama, 1908.

Bab, 1925 = J. Bab, Der Naturalismus, in: Das deutsche Drama, hrsg. v. R. F. Arnold, 1925, S. 653–708.

Bahr, 1899 = H. Bahr, Wiener Theater (1892–1898). 1899.

Bahr, 1902 = H. Bahr, Premieren. Winter 1900 bis Sommer 1901. 1902.

Bahr, 1903 = H. Bahr, Rezensionen. Wiener Theater 1901 bis 1903. 1903.

Benoist-Hanappier, 1905 = L. Benoist-Hanappier, Le Drame naturaliste en Allemagne. Paris 1905.

Bleich, 1936 = E. H. Bleich, Der Bote aus der Fremde als formbedingender Kompositionsfaktor im Drama des deutschen Naturalismus. Diss. Greifswald 1936.

Bernhardt, 1968 = R. Bernhardt, Die Herausbildung des naturalistischen deutschen Dramas bis 1890 und der Einfluß Henrik Ibsens. Diss. Halle 1968 (Masch.).

Borchmeyer, 1980 = D. Borchmeyer, Der Naturalismus und seine Ausläufer, in: Geschichte der deutschen Literatur vom 18. Jahrhundert bis zur Gegenwart, Bd. II, hrsg. von V. Žmegač, 1980.

Boulby, 1951 = M. Boulby, Optimism and Pessimism in German Naturalist Writers, Ph. D. Diss. Leeds 1951.

Brahm, 1913 = O. Brahm, Kritische Schriften über Drama und Theater, hrsg. v. P. Schlenther, 1913.

Brahm, 1915 = O. Brahm, Kritische Schriften. Bd. 2: Literarische Persönlichkeiten aus dem 19. Jh., hrsg. v. P. Schlenther, 1915.

Brahm, 1961 = O. Brahm, Theater-Dramatiker-Schauspieler, hrsg. v. H. Fetting. 1961.

Brahm, 1964 = O. Brahm, Kritiken und Essays, hrsg. v. F. Martini. 1964.

Brandt, 1932 = P. A. Brandt, Das deutsche Drama am Ende des 19. Jhs. im Spiegel der Kritik. Diss. Leipzig 1932.

Brauneck, 1974 = M. Brauneck, Literatur und Öffentlichkeit im ausgehenden 19. Jahrhundert. Studien zur Rezeption des naturalistischen Theaters in Deutschland. 1974.

Correns, 1956 = M. L. Correns, Bühnenwerk und Publikum. Eine Untersuchung der Struktur von vier erfolgreichen Dramen um die letzte Jahrhundertwende in Berlin (Sudermanns »Heimat«, Halbes »Jugend«, Hauptmanns »Fuhrmann Henschel«, Holz und Jerschkes »Traumulus«). Diss. Jena 1956.

Cowen, 1973 = R. C. Cowen, Der Naturalismus. Kommentar zu einer Epoche. 1973.

Doell, 1910 = O. Doell, Die Entwicklung der naturalistischen Form im jüngstdeutschen Drama (1880–1890). 1910.

Dosenheimer, 1949 = E. Dosenheimer, Das deutsche soziale Drama von Lessing bis Sternheim. 1949.

Fechter, 1938 = P. Fechter, Die deutsche Literatur vom Naturalismus bis zur Literatur des Unwirklichen. 1938.

Fechter, 1957 = P. Fechter, Das europäische Drama. II: Vom Naturalismus zum Expressionismus. 1957.

Giesing, 1984 = M. Giesing, Ibsens Nora und die wahre Emanzipation der Frau. 1984.

Gottschall, 1900 = R. von Gottschall, Zur Kritik des modernen Dramas. 1900.

Guntrum, 1928 = H. Guntrum, Die Emanzipierte in der Dichtung des Naturalismus. Diss. Gießen 1928.

Haida, 1989 = P. Haida, Volksstück. Vom Hanswurstspiel zum sozialen Drama der Gegenwart, hrsg. v. J. Hein. 1989.

Hamann/Hermand, 1959 = R. Hamann und J. Hermand, Naturalismus. 1959.

Hanstein, 1900 = A. von Hanstein, Das jüngste Deutschland. Zwei Jahrzehnte miterlebter Literaturgeschichte. 1900.

Holl, 1923 = K. Holl, Geschichte des deutschen Lustspiels. 1923.

Interpretationen, 1988 = Interpretationen: Dramen des Naturalismus. UB Nr. 8412[3]. 1988.

Kauermann, 1933 = W. Kauermann, Das Vererbungsproblem im Drama des Naturalismus. Diss. Kiel 1933.

Kerr, 1917 = A. Kerr, Die Welt im Drama, 5 Bde. 1917.

Kienzl, 1905 = H. Kienzl, Dramen der Gegenwart, 1905.

Kirchner, 1893 = F. Kirchner, Gründeutschland. Ein Streifzug durch die jüngste deutsche Dichtung. 1893.

Kniffler, 1929 = C. Kniffler, Die »sozialen« Dramen der achtziger und neunziger Jahre des 19. Jhs. und der Sozialismus. Diss. Frankfurt a. M. 1929.

Leroy/Pastor, 1991 = Deutsche Dichtung um 1890, hrsg. von R. Leroy und E. Pastor, 1991.

Litzmann, 1896 = B. Litzmann, Das deutsche Drama in den literarischen Bewegungen der Gegenwart. 3. (erweit.) Aufl. 1896.

Lothar, 1905 = R. Lothar, Das deutsche Drama der Gegenwart. 1905.

Mahal, 1975 = G. Mahal, Naturalismus. 1975.

Maleczek, 1928 = O. Maleczek, Die Dramaturgie des naturalistischen Trauerspiels. Diss. Wien 1928 (Masch.).

Mamroth, 1908 = F. Mamroth, Aus der Frankfurter Theaterchronik, Bd. I: 1889–1899. 1908.

Markwardt, 1967 = B. Markwardt, Geschichte der deutschen Poetik. Bd. V: Das 20. Jh. 1967.

Marshall, 1982 = A. Marshall, The German Naturalists and Gerhart Hauptmann. Frankfurt a. M. 1982.

Mehring, 1961 = F. Mehring, Aufsätze zur deutschen Literatur von Hebbel bis Schweichel, hrsg. v. H. Koch, 1961.

Meixner, 1961 = H. Meixner, Naturalistische Natur: Bild und Begriff der Natur im naturalistischen deutschen Drama. Diss. Freiburg i. Br. 1961 (Masch.).

Moe, 1983 = V. I. Moe, Deutscher Naturalismus und ausländische Literatur. 1983.

Mohme, 1927 = E. T. Mohme, Die freireligiösen Anschauungen im Drama und Roman der neueren deutschen Literatur (1885–1914). St. Louis 1927.

Münchow, 1968 = U. Mönchow, Deutscher Naturalismus, 1968.

Nagl/Zeidler/Castle, Bd III bzw. IV = J. W. Nagl/J. Zeidler/E. Castle, Deutsch-Österreichische Literaturgeschichte, Bd. 3: 1848–1890. 1935; Bd. 4 1890–1918. 1937.

Naumann, 1923 = H. Naumann, Die deutsche Dichtung der Gegenwart, 1885–1923. [5]1931, [6]1933 (z.T. neubearb.).

Praschek, 1957 = H. Praschek, Das Verhältnis von Kunsttheorie und Kunstschaffen im Bereich der deutschen naturalistischen Dramatik. Diss. Greifswald 1957 (Masch.).

Scheuer, 1974 = H. Scheuer (Hrsg.), Naturalismus. Bürgerliche Dichtung und soziales Engagement. 1974.

Schley, 1967 = G. Schley, Die Freie Bühne in Berlin. Der Vorläufer der Volksbühnenbewegung. Ein Beitrag zur Theatergeschichte in Deutschland. 1967.

Schmidt, 1974 = G. Schmidt, Die literarische Rezeption des Darwinismus. Das Problem der Vererbung bei Emile Zola und im Drama des deutschen Naturalismus. 1974.

Soergel, 1911 = A. Soergel, Dichtung und Dichter der Zeit. Eine Schilderung der deutschen Literatur der letzten Jahrzehnte. 1911.

Soergel/Hohoff, 1961 – A. Soergel und C. Hohoff, Dichtung und Dichter der Zeit. (Neubearbeitung.) Vom Naturalismus bis zur Gegenwart, Bd. 1. 1961.

Steiger, 1898 = E. Steiger, Das Werden des neuen Dramas. Tl 2: Von Hauptmann bis Maeterlinck. 1898.

Stern, 1909 = A. Stern, Zwölf Jahre Dresdner Schauspielkritik, hrsg. v. Ch. Gaehde. 1909.

Thielmann, 1937 = H. Thielmann, Stil und Technik des Dialogs im neueren Drama (Vom Naturalismus bis zum Expressionismus). Diss. Heidelberg 1937.

Wethly, 1903 = G. Wethly, Dramen der Gegenwart. Kritische Studien. 1903.

Wolff, 1901 = E. Wolff, Zwölf Jahre im literarischen Kampf. Studien u. Kritiken zur Literatur der Gegenwart. 1901.

Voraussetzungen

Zwei Ereignisse sind es, die vor allem das Denken der Naturalisten prägten: der unerhörte Fortschritt, der auf dem Gebiet der Naturwissenschaften erzielt wurde, und das Aufkommen des Sozialismus in Westeuropa. Um die Namen Darwin und Marx kristallisieren sich diese Ereignisse. Ansätze verschiedener Art führten hin zur Abstammungslehre *Charles Darwins* (1809–1882), dessen grundlegendes Werk, »On the Origin of Species by Means of Natural Selection« (1859), bald nach seinem Erscheinen in die europäischen Kultursprachen übersetzt wurde. In Deutschland trat als eifrigster Verfechter Darwinscher Ideen *Ernst Haeckel* (1834–1919) auf den Plan. In Vorträgen und Schriften verbreitete und deutete er die Deszendenz-Theorie, und ein Höhepunkt seines Schaffens war die auf dieser Theorie basierende »Natürliche Schöpfungsgeschichte« (1868), mit der er über die Fachkreise hinaus in die breite Öffentlichkeit vorzudringen vermochte. In ähnlicher Weise wirkten andere Forscher und sich berufen fühlende Laien. So gab *Carl Vogt* (1817–1895) die »Vorlesungen über den Menschen, seine Stellung in der Schöpfung und in der Geschichte der Erde« (1863) heraus, *Ludwig Büchner* (1824–1899) schrieb über »Die Darwin'sche Theorie« (1868) und ließ ein Werk über »Die Stellung des Menschen in der Natur in Vergangenheit, Gegenwart und Zukunft« (1870) erscheinen, und *Wilhelm Bölsche* (1861 bis 1939) popularisierte die neu gewonnenen Anschauungen und wandte sie in der Schrift »Die naturwissenschaftlichen Grundlagen der Poesie« (1887) auf die Dichtungstheorie an.

Eng verbunden mit diesen Bestrebungen war eine vielerorts empfundene Skepsis gegenüber dem Überkommenen, vornehmlich in bezug auf metaphysische und religiöse Fragen. *David Friedrich Strauss* (1808–1874), *Ludwig Feuerbach* (1804–1872) und später *Friedrich Nietzsche* (1844–1900) übten Kritik an den Dogmen der Kirche und waren bestrebt, das Fundament des christlichen Glaubens zu erschüttern. Vor allem Nietzsche erwies sich im Laufe der Zeit als wichtiger Einflußfaktor; sein »Also sprach Zarathustra« (1883–85) faszinierte die junge Generation, und seine Lehre vom »Übermenschentum« stimulierte das Selbstbewußtsein derart, daß dem genialen Menschen sehr bald ein besonderer Platz im Denken der Naturalisten eingeräumt wurde. *Auguste Comte* (1798–1857) war jeder Metaphysik feind und ließ in seinem »Cours de philosophie positive« (1830/42) nur Erfahrbares als Grundlage menschlicher Erkenntnis gelten. Ein direkter Ausfluß seiner Ideen war die Milieutheorie *Hippolyte Taines* (1828–1893), nach der die Umweltfaktoren (»milieu«, »race« und »temps«) die bestimmenden Kräfte in der Entwicklung der Menschen und geistlicher Begebenheiten sind.

Mit der besonders während der Gründerzeit zunehmenden Industrialisierung war die Ausbreitung des Arbeiterproletariats und des Sozialismus aufs engste verknüpft. Bürgerliche Intellektuelle setzten sich für den ›vierten Stand‹ ein, prägten Forderungen, die auf die Verbesserung des Loses der Arbeiter hinzielten und schließlich in der marxistischen Theorie konsolidiert wurden. *Karl Marx* (1818–1883) hatte 1848 zusammen mit *Friedrich Engels* (1820–1895) das »Manifest der kommunistischen Partei« herausgegeben und im Anschluß daran ein ebenso kühnes wie wirkungsvolles sozialphilosophisches System errichtet. Es waren jedoch weniger die Thesen des Manifests, der »Kritik der politischen Ökonomie« (1859) und des »Kapitals« (Bd. 1: 1867), die auf die junge Dichtergeneration einwirkten, als vielmehr vereinfachte und aus dem Gesamtkomplex des Marxismus herausgelöste Ideen, die der materialistischen Grundeinstellung entgegenkamen und zur Auseinandersetzung mit der »sozialen Frage« anregten.

Literatur

C. Sterne, E. Haeckel, in: NuS, Bd. 37 (1886), S. 196–218.
W. Bölsche, Charles Darwin und die moderne Ästhetik, in: Kw. Jg. 1 (1887/88), S. 125–126.
Ders., Charles Darwin, 1898.
Ders., E. Haeckel, 1900.
K. Bleibtreu, Der Kampf um's Dasein der Literatur, 1888.
Ders., Taine, in: Ges., Jg. 9 (1893), S. 899–913.
H. Conradi, Wilhelm II. und die junge Generation, 1889.
L. Berg, F. Nietzsche, in: Ges., Jg. 6 (1890), 4. Qu., S. 1415–1428.
Ders., Zwischen zwei Jahrhunderten, 1896, S. 3–33.
Ders., Der Übermensch in der modernen Literatur, 1897.
O. Brahm, Die soziale Frage im Theater, in: FB, Jg. 1 (1890), S. 172–176.
J. Diner, F. Nietzsche: Ein Dichterphilosoph, in: FB, Jg. 1 (1890), S. 368–371.
P. Ernst, Frauenfrage und soziale Frage, in: FB, Jg. 1 (1890), S. 423–426.
Ders., F. Nietzsche, in: FB, Jg. 1 (1890), S. 489–491, 516–520.
Ders., F. Nietzsche, 1900.
G. Adler, F. Nietzsche: Der Social-Philosoph der Aristokraten, in: NuS, Bd. 56 (1891), S. 224–240.
G. Allen, Darwinismus und Sozialismus, in: Ges., Jg. 7 (1891), 1. Qu., S. 174–182.

W. Bolin, L. Feuerbach. Sein Wirken und seine Zeitgenossen, 1891.

M. G. Conrad, Die Moderne, 1891.

Ders., Das Recht, der Staat, die Moderne, 1891.

Ders., Die Sozialdemokratie und die Moderne, in: Ges., Jg. 7 (1891), 2. Qu., S. 583–592, 719–741 (dazu O. J. Bierbaum, ebda., 3. Qu., S. 1246–1248).

Ders., Die Sozialdemokratie und die Moderne, 1893.

K. Eisner, F. Nietzsche und die Apostel der Zukunft, in: Ges., Jg. 7 (1891), S. 1505–1536.

H. Gruber, Der Positivismus vom Tode Comtes bis auf unsere Tage, 1891.

O. Hansson, F. Nietzsche und der Naturalismus, in: Geg., Bd. 39 (1891), S. 275–278, 296–299.

W. Weigand, Essays, 1894, S. 133–163.

G. Brandes, Menschen und Werke, 1895, S. 137–224.

H. Starkenburg, Darwinismus und Sozialismus, in: Ges., Jg. 11 (1895), S. 289–297.

J. Duboc, Fünfzig Jahre Frauenfrage in Deutschland, 1896.

W. Sombart, Sozialismus und soziale Bewegung des 19. Jhs., 1896.

M. Haushofer, Die sozialen Fragen im Lichte der dramatischen Dichtung, in: WMh., Bd. 81 (1896/97), S. 330–342.

A. v. Hanstein, Die soziale Frage in der Poesie, 1897.

S. Eck, D. F. Strauß, 1899.

K. Jaskulski, Über den Einfluß der sozialen Bewegungen auf das moderne deutsche Drama, 1899.

J. M. Robertson, F. Nietzsche and His Influence, in: Book Lover, 1899, S. 144–151.

R. Steiner, L. Büchner, in: MfL, Jg. 68 (1899), Sp. 433–438.

Th. Ziegler, Die geistigen und sozialen Strömungen des 19. Jhs., 1899.

H. Landsberg, F. Nietzsche und die deutsche Literatur, 1902.

J. Theodor, W. Bölsche, in: NuS, Bd. 100 (1902), S. 170–185.

S. Lublinski, Die Bilanz der Moderne, 1904, S. 3–49.

K. Fischer, Über D. F. Strauß, 1908.

M. Günther, Die soziologischen Grundlagen des naturalistischen Dramas der jüngsten deutschen Vergangenheit, Diss. Leipzig 1912.

O. Walzel, Die Geistesströmungen des 19. Jhs., 1924.

G. Deesz, Die Entwicklung des Nietzsche-Bildes in Deutschland, 1933.

R. A. Nicholls, Beginnings of the Nietzsche Vogue in Germany, in: MPh., 56 (1958/59), S. 24–37.

H. Herting, Der Aufschwung der Arbeiterbewegung um 1890 und ihr Einfluß auf die Literatur, Diss. Berlin (Inst. f. Gesellschaftswiss. beim ZK der SED) 1961 (Masch.).

Soergel/Hohoff, 1961, S. 33–40 et passim.

R. M. Rogers, The Anti-Christian Background of German Literary Naturalism, in: Brigham Young University Studies, V (1964), Nr. 3 u. 4, S. 203–218.

H. Schwerte, Deutsche Literatur im Wilhelminischen Zeitalter, in: WW, Jg. 14 (1964), S. 254–270.

Markwardt, 1967, S. 99–103 et passim.

P. Pütz, F. Nietzsche, 1967.

R. Bernhardt, Die literarische Opposition in Deutschland und die Pariser Kommune, in: WB, XVIII (1972), S. 116–143.

Schmidt, 1974.

M. Machatzke, Geschichtliche Bedingungen des sozialen Dramas in Deutschland um 1890, in: MGS, 1 (1975), S. 283–300.

Mahal, 1975, S. 42 ff.

A. del Caro, Reception and Impact: The First Decade of Nietzsche in Germany, in: OL, 37 (1982), S. 32–46.

H. Scheuer, Naturalismus und Naturwissenschaften, in: Text & Kritik, Sonderreihe, Bd. 20, 1984, S. 9–25.

Hinzu kamen die literarischen Vorbilder des Auslandes. In *Frankreich* hatten Taines und Darwins Lehren und insbesondere die Schriften des Physiologen *Claude Bernard* (1813–1878) auf das Schaffen *Emile Zolas* (1840–1902) gewirkt. Den Menschen, d. h. dessen Schicksal und Natur, sieht Zola durch die Faktoren der Vererbung und Umwelt determiniert, und in einem zwanzigbändigen Romanzyklus (»Les Rougon-Macquart«, 1871/93) führt er ein künstlerisch-naturwissenschaftliches Experiment durch, indem er durch fünf Generationen hindurch und in zwei Linien die Auswirkungen des Erbgutes und die Einwirkungen des Milieus aufzuzeigen versucht. Einige Bände dieses Zyklus', so »Le Ventre de Paris« (1873), »L'Assommoir« (1877), »Nana« (1880) und »Germinal« (1885), hatten eine tiefgehende Wirkung auf die deutschen Naturalisten; desgleichen die theoretischen Schriften »Le Roman expérimental« (1880) und »Le Naturalisme au théâtre« (1881). Zwar beeindruckten auch andere moderne französische Schriftsteller (Flaubert, Maupassant, die Brüder Goncourt) mit ihren Werken die junge Generation, doch läßt sich dieser Einfluß nicht mit der Wirkung, die dem Werk Zolas in Deutschland beschieden war, vergleichen.

Ähnlich war es mit den *Skandinaviern*. Hier war neben *Björnstjerne Björnson* (1832–1910) und *August Strindberg* (1849–1912) der Norweger *Henrik Ibsen* (1828–1906) die alles überragende Gestalt. Mit seinen Dramen übte er die nachhaltigste Wirkung auf die naturalistischen Dichter aus. Diese Wirkung beruhte auf seinem Wahrheitsstreben und seiner nachdrücklichen Stellungnahme für die freie Entwicklung der Persönlichkeit, auf seiner Gesellschaftskritik und fortschrittlichen Dramentechnik. Einige seiner Werke, wie »Die Stützen der Gesellschaft« (1877), »Ein Puppenheim« (1879), »Gespenster« (1881), »Ein Volksfeind« (1882), »Die Wildente« (1884) und »Rosmersholm« (1886), gehörten zum unerläßlichen Bildungsgut eines jeden modern denkenden Menschen. Gestalten aus seiner Dichtung wurden zu festen Begriffen (z. B. Nora, Rebekka) und von ihm stammende Ausdrücke (z. B. Lebenslüge, kompakte Majorität) wurden zu Schlagwörtern der jungen Generation.

Zum französischen und skandinavischen Einfluß gesellte sich der *russische* durch *Leo N. Tolstoi* (1828–1910) und *Fjodor M. Dostojewski* (1821–1881). Neben Dostojewskis »Raskolnikow« (1866 und 1882) war es Tolstois »Macht der Finsternis« (1886), das besonders die Dramatiker unter den jungen Dichtern ansprach. Die Verbindung von krassem Realismus und sozialem Ethos wurde bewundert, und Hauptmanns Feststellung, daß sich nach dem Lesen dieses Dramas eine »Revolution in [seiner] normalen Entwicklung« (Brief an E. Reich) vollzogen hatte, mag bezeichnend sein für den Einfluß, den dieses Werk ausübte.

Literatur

Französische Vorbilder

H. u. J. Hart, Für und gegen Zola, in: Kritische Waffengänge, 1882, Heft 2, S. 44–55.

J. Hart, Der Zolaismus in Deutschland, in: Geg., Bd. 30 (1886), Nr. 40, S. 214–216.

K. Bleibtreu, Zola und die Berliner Kritik, in: Ges., Jg. 1 (1885), S. 463–471.

I. v. Troll-Borostyani, Der französische Naturalismus, in: Ges., Jg. 2 (1886), Bd. 1, S. 215–226.

A. Holz, Zola als Theoretiker, in: FB, Jg. 11 (1890), S. 101–104.

E. Brausewetter, E. Zola als Dramatiker, in: Ges., Jg. 7 (1891), 1. Qu., S. 249–255, 386–397.

E. Wolff, Zola und die Grenzen von Poesie und Wissenschaft, 1891.

A. Bartels, Die fremden Einflüsse in der deutschen Literatur, in: Die Grenzboten, 1894, Bd. 2, S. 164–172.

G. Brandes, Menschen und Werke, 1895, S. 225–292.

Hanstein, 1900, S. 32–33 et passim.

M. G. Conrad, Von E. Zola bis G. Hauptmann, 1902.

Ders., E. Zola, 1906.

E. Platzhoff, G. Flaubert, in: NuS, Bd. 100 (1902), S. 38–60.

A. Stern, Studien zur Literatur der Gegenwart, 1904, S. 277–326.

P. Fritsch, Influence du théâtre français sur le théâtre allemand de 1870 jusqu'aux approches de 1900, Diss. Paris 1912.

Brahm, 1915, S. 357–366.

Ders., 1961, S. 225–228 et passim.

F. Bertaux, L'influence de Zola en Allemagne, in: RLC, Jg. 4 (1924), S. 73–91.

W. H. Root, German Criticism of Zola 1875–1893, New York 1931.

A. H. King, The Influence of French Literature on German Prose and the Drama between 1880 and 1890, Ph. D. Diss. London 1933.

E. E. P. Freienmuth v. Helms, German Criticism of Flaubert 1857–1930, 1939.

G. Sorber, Maupassant in Deutschland, Diss. Göttingen 1950 (Masch.).

K. Wais, Zur Auswirkung des französischen naturalistischen Romans in Deutschland, in: An den Grenzen der Nationalliteraturen, 1958, S. 215–236.

Soergel/Hohoff, 1961, S. 68–79.

S. Hoefert, E. Zola dans la critique d'Otto Brahm, in: Les Cahiers naturalistes, 1965, Nr. 30, S. 145–152.

Markwardt, 1967, S. 10–21 et passim.

J. Osborne, Zola, Ibsen, and the Development of the Naturalist Movement in Germany, in: Arcadia, Bd. 2 (1967), Heft 2, S. 196–203.

Y. Chevrel, Les relations de Zola avec le monde germanique, in: Les Cahiers naturalistes, 1973, Nr. 46, S. 227–247.

Ders., Naturalismes allemand et français: écarts et rencontres, in: Le naturalisme. Colloque de Cerisy, Paris 1978, S. 43 ff.

Ders., De l'histoire de la réception à l'histoire des mentalités: L'exemple du naturalisme français en Allemagne au tournant du siècle, in: Synthesis (Bucarest), X/1983, S. 53–64.

Ders., De »Germinal« aux »Tisserands«: Histoire Mythe, Littérature, in: Revue d'histoire littéraire de la France, 3/1985, S. 447–463.

Schmidt, 1974.

Mahal, 1975.

Moe, 1983.

Skandinavische Vorbilder

G. Brandes, Ibsen, in: NuS, Bd. 27 (1883), S. 247–281.

L. Passarge, H. Ibsen, 1883.

H. Bahr, H. Ibsen, 1887.

O. Brahm, H. Ibsen, 1887.

Ders., 1915, S. 366–372.

Ders., 1961, S. 157–221.

E. Sierke, H. Ibsen und der Realismus der Bühne, in: Unsere Zeit, 1887, Bd. 2, S. 185–204.

E. Kühnemann, H. Ibsens Geistesentwicklung und Kunst, in: Ges., Jg. 4 (1888), 2. Hj., S. 725–741, 881–901.

K. Bleibtreu, Ibsen und das moderne Drama der Zukunft, in: Monatsblätter, 15 (1889), Heft II–IV, S. 24–27, 45–47, 55–57.

Ders., Björnson, in: Ges., Jg. 6 (1890), 3. Qu., S. 1322–1326.

M. Halbe, Berliner Brief, in: Ges., Jg. 5 (1889), 3. Qu., S. 1171–1186.

P. Schlenther, H. Ibsen, in: WMh., Bd. 68 (1890), S. 59–79.

E. Wolff, Sardou, Ibsen und die Zukunft des deutschen Dramas, 1891.

Ders., Die deutsche Ibsen-Literatur (1872–1902), in: BuW, 5 (1903), S. 566–570, 605–610.

L. Marholm, B. Björnson, in: NuS, Bd. 63 (1892), S. 307–332.

Litzmann, 1896, S. 140–158.

Ders., Ibsens Dramen (1877–1900), 1901.

E. Steiger, H. Ibsen und die dramatische Gesellschaftskritik, 1898.

P. Garin, Die Skandinaven in der deutschen Literatur, in: Zk., 27 (1899), S. 554–562.

Hanstein, 1900, S. 114–117 et passim.

L. Berg, H. Ibsen, 1901.

P. Stein, H. Ibsen: Zur Bühnengeschichte seiner Dramen, 1901.

F. Diederich, B. Björnson, in: LE, Jg. 5 (1902/03), Sp. 298–305.

A. Stern, Studien zur Literatur der Gegenwart, 1904, S. 365–387.

F. Schmidt, Ibsen's Influence upon German Literature, in: Poet Lore, 17 (1906), S. 112–118.

B. Kahle, Ibsen, Björnson und ihre Zeitgenossen, 1908.

Kerr, 1917, Bd. I, S. 19–68 et passim.

W. H. Eller, Ibsen in Germany (1870–1900), Boston 1918.

F. Lehner, Die Szenenanmerkungen in den Dramen Ibsens und ihr Einfluß auf das deutsche naturalistische Drama, Diss. Wien 1919.

J. Wihan, Ibsen und das deutsche Geistesleben, 1925.

W. Behrendson, H. Ibsen und die deutsche Geisteswelt, in: Deutsch-Nordisches Jb., 1928, S. 1–13.

M. Thalmann, H. Ibsen: Ein Erlebnis der Deutschen, 1928.

F. Meyen, Ibsen-Bibliogr., 1928.

Ders., Björnson im deutschen Schrifttum (Bibliogr.), 1933.

I. Günther, Die Einwirkung des skandinavischen Romans auf den deutschen Naturalismus, 1934.

M. Gravier, Strindberg et le théâtre moderne: I. L'Allemagne, Lyon u. Paris 1949.

E. Ruckgaber, Das Drama A. Strindbergs und sein Einfluß auf das deutsche Drama, Diss. Tübingen 1953 (Masch.).

Soergel/Hohoff, 1961, S. 79–106.

J. W. McFarlane, Hauptmann, Ibsen, and the Concept of Naturalism, in: Hauptmann, Centenary Lectures, hrsg. von K. G. Knight u. F. Norman, London 1964, S. 31–60.

G. C. Schoolfield, Scandinavian-German Literary Relations, in: Yearbook of Comparative and General Literature, 1966, Nr. 15, S. 19–35.

D. E. R. George, Ibsen and German Naturalist Drama, in: Ibsenårbok, Oslo 1967.

Ders., H. Ibsen in Deutschland. Rezeption und Revision, 1968.

Markwardt, 1967, S. 25–56, 53–65 et passim.

J. Osborne, Zola, Ibsen, and the Development of the Naturalist Movement in Germany, in: Arcadia, Bd. 2 (1967), Heft 2, S. 196–203.

Bernhardt, 1968.

Mahal 1975, S. 68 ff.

W. Friese (Hrsg.), Ibsen auf der deutschen Bühne: Texte zur Rezeption, 1976.

W. Pasche, Skandinavische Dramatik in Deutschland, 1979.

F. Paul, August Strindberg, 1979.

Nicht nur Strindberg, hrsg. von H. Müssener, 1979 (bes. R. Bernhardt, S. 251 ff.).

E. McInnes, Das deutsche Drama des 19. Jahrhunderts, 1983, S. 151–162.

H. Bayerdorfer [u. a.], Strindberg auf der deutschen Bühne, 1983.

Moe, 1983.

R. Bernhardt, Henrik Ibsen und die Deutschen, 1989.

Russische Vorbilder

H. Conradi, F. M.; Dostojewski, in: Ges., Jg. 5 (1889), 2. Qu., S. 520–550.

P. Ernst, L. Tolstoi und Der slavische Roman, 1889.

H. Merian, Raskolnikow-Aufführung in Leipzig, in: Ges., Jg. 6 (1890), 4. Qu., S. 1522–1533.

M. Herzfeld, Tolstois Kreutzer-Sonate und die moderne Mönchsmoral, in: Ges., Jg. 6 (1890), 4. Qu., S. 1502–1508.

R. Löwenfeld, Tolstoi. Sein Leben, seine Weltanschauung, 1892.

O. Harnack, Tolstoi in Deutschland, in: PJb., Bd. 67, 1891, S. 1–13.

G. Brandes, Menschen und Werke, 1895, S. 309–360.

E. H. Schmitt, L. Tolstoi und seine Bedeutung für unsere Kultur, 1901.

J. Hart, L. Tolstoi, 1904.

F. v. Bülow, Dostojewski in Deutschland, in: LE, Jg. 9 (1906/07), Sp. 203–206.

F. Dukmeyer, Dostojewskis Einführung in Deutschland, in: Die Funken, Jg. 3 (1906), Nr. 22, S. 685–688.

H. Hart, Ges. Werke, Bd. 3, 1907, S. 159–199.

H. Halm, Wechselbeziehungen zwischen L. N. Tolstoi und der deutschen Literatur, in: AslPh., Bd. 35, 1914, S. 452–476.

O. Kaus, Dostojewski und die deutsche Literatur, 1921.

E. Hauswedell, Die Kenntnis von Dostojewski und seinem Werke im deutschen Naturalismus und der Einfluß seines »Raskolnikoff« auf die Epoche von 1880–1895, Diss. München 1924.

J. M. Romein, Dostojewski in die westersche kritiek, Haarlem 1924.

W. Gesemann, Dostojewski in Deutschland, in: Slavische Rundschau, Jg. 3 (1931), Nr. 5, S. 318–323.

Th. Kampmann, Dostojewski in Deutschland, 1931.

L. Löwenthal, Die Auffassung Dostojewskis im Vorkriegsdeutschland, in: ZfS, Jg. 3 (1934), S. 343–382.

C. Stulz, L. N. Tolstoi in der zeitgenössischen deutschen Literaturkritik 1856–1910, Diss. Berlin (Humboldt) 1958 (Masch.).

Soergel/Hohoff, 1961, S. 106–123.

Markwardt, 1967, S. 36–52 et passim.

E. Pechstedt, L. N. Tolstojs Drama »Macht der Finsternis« und die deutsche Theaterzensur, in: ZfSl., 13 (1968), S. 558–564.

E. Hexelschneider, Über die Rezeption der russischen Literatur im letzten Viertel des 19. Jahrhunderts, in: ZfSl., 18 (1973), S. 50–58.

S. Hoefert (Hrsg.), Russische Literatur in Deutschland: Texte zur Rezeption von den Achtziger Jahren bis zur Jahrhundertwende, 1974.

Ders., »G. Hauptmann und andere« – zu den deutsch-russischen Literaturbeziehungen in der Epoche des Naturalismus, in: Scheuer, 1974, S. 235–264.

Ders., Aufnahme und Wirkung W. M. Garschins im deutschen Sprachraum – besonders im Hinblick auf G. Hauptmann, in: MGS, 1 (1975), S. 242–252.

Moe, 1983.

In Deutschland bildeten sich bald zwei Gruppen heraus, die als Münchener bzw. Berliner Kreis bekannt wurden. *Michael Georg Conrad*

(1846–1927) scharte in *München* die rebellischen Geister um sich, setzte sich resolut für Zola und die neuen Kunstprinzipien ein und wandte sich mit aller Schärfe gegen die Epigonenkunst *Paul Heyses* (1830–1914), eines der führenden Mitglieder der Münchener Dichterschule. Im Jahre 1885 gründete Conrad ›Die Gesellschaft‹, eine Monatsschrift, die auf programmatischer Ebene bahnbrechend wirkte und bald zum anerkannten Organ der Avantgarde wurde. Neben Conrad ist *Karl Bleibtreu* (1859–1928), der spätere Mitherausgeber der ›Gesellschaft‹, vor allem wegen seiner Broschüre »Revolution der Litterature« (1886) wichtig. Von allen Programmschriften der Naturalisten war es dieses Pamphlet, dem der größte Erfolg beschieden war und mit dem Bleibtreu in weite Kreise vorzudringen vermochte. Das lag vielleicht daran, daß es Bleibtreu hier darauf angekommen war, Altes und Neues zu verbinden; die Forderungen des Tages wurden mit seinen im wesentlichen von der Romantik bestimmten literarischen Anschauungen in Einklang gebracht.

In *Berlin* gruppierte sich die junge Generation um die Brüder *Heinrich Hart* (1855–1906) und *Julius Hart* (1859–1930), die 1882 die Zeitschrift ›Kritische Waffengänge‹ gegründet hatten. Auch ihnen ging es um Kritik am Überkommenen, an modischen Zeiterscheinungen, am literarischen Dilettantismus. Zolas Naturalismus wird nicht einfach übernommen, sondern vieles wird kritisiert, wenn nicht gar widerlegt. Sein Wahrheitsstreben jedoch wird rückhaltlos akzeptiert. Später orientierte sich der Berliner Kreis in viel stärkerem Maße als der Münchener an der Kunst Ibsens und Tolstois.

Von den Harts stammte auch die Idee, eine Sammlung von Gedichten zeitgenössischer Autoren zusammenzustellen. Dieses Vorhaben wurde jedoch nicht von ihnen, sondern von *Hermann Conradi* (1862–1890), *Karl Henckell* (1864–1929) und *Wilhelm Arent* (1864–?) verwirklicht. Die in dieser Anthologie enthaltene Lyrik, die 1884 unter dem Titel »Moderne Dichter-Charaktere« erschien, ist weniger wichtig, wohl aber die beiden Vorreden, besonders die von Conradi geschriebene, die bezeichnenderweise die Überschrift »Unser Credo« trug. Die Vorreden waren bei weitem nicht so populär wie Bleibtreus Kampfschrift, fanden aber gerade bei den jungen Dichtern eine ungewöhnlich starke Resonanz, wohl vor allem weil sich in ihnen eine revolutionäre Tendenz bekundete.

Im engsten Zusammenhang mit dem Berliner Kreis, der sich im Laufe der Zeit vergrößerte und als *Friedrichshagener Kreis* internationale Geltung erlangte, steht eine Gruppenbildung, die für die Ausbreitung des Naturalismus in Deutschland von Bedeutung war: die des Vereins ›Durch‹. Von *Konrad Küster*, einem Berliner Arzt, und den Literaten *Eugen Wolff* (1863–1929) und *Leo Berg* (1862–1908) wurde er 1886 gegründet. Ein Sammelplatz junger Dichter und modern empfindender Menschen sollte er sein, und viele Angehörige der jungen Generation wurden Mitglieder oder verkehrten dort, auch *Arno Holz, Johannes Schlaf* und *Gerhart Hauptmann*. Naturwissenschaftliche und sozial-philosophische Vorträge wurden veranstaltet, über literarische Fragen und Begriffe wie Idealismus, Realismus und Naturalismus wurde debattiert und das Schlagwort von der ›Moderne‹, unter dem sich die Gleichgesinnten verschiedenster Herkunft vereint sahen, wurde dort (von E. Wolff) geprägt. Neben Wolff verdient Leo Berg besondere Beachtung, und zwar weil er einer der ersten war, die den Naturalismus weniger als Stoff- und Weltanschauungsproblem, sondern als Formproblem auffaßten.

Die verschiedenen theoretischen Bemühungen gipfelten im »konsequenten Naturalismus« von *Arno Holz* (1863–1929). Der aus Ostpreußen stammende Dichter war in den »Modernen Dichter-Charakteren« hervorgetreten und hatte mit seinem »Buch der Zeit – Lieder eines Modernen« (1886) Anerkennung gefunden. Nun suchte er nach einer neuen Gestaltungsweise. Im Laufe vorbereitender Studien war es immer wieder auf Zolas Diktum gestoßen: »Une oeuvre d'art est un coin de la nature, vu à travers un tempérament«. Diese Definition des Kunstwerkes stellte ihn nicht zufrieden, zumal er zu erkennen glaubte, daß hier die Rolle des Temperaments der nötigen Objektivität Abbruch tue. In der Folgezeit betrieb Holz Milieustudien und tat sich mit seinem Freund *Johannes Schlaf* (1862–1941) zusammen, um eine neue Kunstform zu schaffen, mittels deren es möglich sein sollte, jede Einzelheit eines Vorgangs oder Gesprächs darzustellen. Es war dies der ›Sekundenstil‹ (A. von Hanstein). Das Resultat dieser Bemühungen war zunächst die Veröffentlichung der Sammlung »Papa Hamlet« (1889), aus der eine Skizze mit dem Titel »Ein Tod« in anschaulicher Weise die neue Sprachtechnik vorführt. Auf die naturalistischen Mitstreiter wirkte diese Methode äußerst anregend, und sie alle, wie Max Halbe berichtet, lernten davon und fanden dadurch das nötige Rüstzeug. Später, nachdem Holz diese Art der Formgebung auch auf ein größeres Werk angewandt hatte (»Familie Selicke«, 1890), formulierte er seine theoretischen Erwägungen und gab sie in der Schrift »Die Kunst – Ihr Wesen und ihre Gesetze (1891) heraus. An die Stelle der Zolaschen Definition tritt jetzt die lapidare Formel »Kunst = Natur– x«, wobei x für die jeweils vorherrschenden »Reproduktionsbedingungen und deren Handhabung« (I, S. 117) steht.

Literatur

H. Merian, Die sogenannten Jungdeutschen in unserer zeitgenössischen Literatur, 1888.

E. Steiger, Der Kampf um die neue Dichtung, 1889.

H. Stümcke, M. G. Conrad, 1899.

E. Ziel, Das Prinzip der Moderne, 1895.

Hanstein, 1900, S. 48–79 et passim.

Wolff, 1901, S. 77–129.

Soergel, 1911, passim.

L. H. Wolff, Die ästhetische Grundlage der Literaturrevolution der achtziger Jahre: Die ›Kritischen Waffengänge‹ der Brüder Hart, Diss. Bern 1921.

B. Wille, Erinnerungen an G. Hauptmann und seine Dichtergeneration, in: Mit G. Hauptmann, hrsg. von W. Heynen, 1922, S. 83–116.

K. Tillmann, Die Zeitschriften der Gebrüder Hart, Diss. München 1923 (Masch.).

W. Liepe (Hrsg.), Verein ›Durch‹, Faksimile der Protokolle 1887, 1932.

H. Claus, Studien zur Geschichte des deutschen Frühnaturalismus, 1933.

F. Pick, Die Jüngstdeutschen, Diss. Köln, 1935.

H. Kasten, Die Idee der Dichtung und des Dichters in den literarischen Theorien des sogenannten ›Deutschen Naturalismus‹, Diss. Königsberg 1938.

H. Hlauschek, Der Entwicklungsbegriff in den theoretisch-programmatischen Schriften des frühen Naturalismus, Diss. München 1941.

M. Dreyer, Aus der Frühzeit des deutschen Naturalismus, Jugenderinnerungen, in: Aufbau, 2 (1946), S. 1259–1262.

E. Kalisch, Der Gegensatz der Generationen in der Streitschriftenliteratur des deutschen Naturalismus, Diss. Berlin 1947 (Masch.).

H. Miehle, Der Münchner Pseudonaturalismus der achtziger Jahre, Diss. München 1947 (Masch.).

W. Spohr, O ihr Tage von Friedrichshagen! Erinnerungen aus der Werdezeit des deutschen literarischen Realismus, 1949.

E. Ruprecht (Hrsg.), Literarische Manifeste des Naturalismus 1880–1892, 1962.

W. R. Cantwell, Der Friedrichshagener Dichterkreis, Ph. D. Univ. of Wisconsin 1967.

Markwardt, 1967, S. 82–99 et passim.

H. Kindermann, Theatergeschichte Europas, Bd. VIII, T. 1, 1968, S. 11–19.

Münchow, 1968.

G. Wunberg (Hrsg.), Die literarische Moderne, 1971.

K. Günther, Literarische Gruppenbildung im Berliner Naturalismus, 1972.

G. Baioni, Naturalismo e avanguardia, in: Studi Germanici, 12 (1974), S. 255–274.

H. Scherer, Bürgerlich-oppositionelle Literatur und sozialdemokratische Arbeiterbewegung nach 1890. Die »Friedrichshagener« und ihr Einfluß auf die Sozialdemokratische Kulturpolitik, 1974.

R. Bernhardt, Die Programmschriften des frühen deutschen Naturalismus, in: WB, 7/1982, S. 5–34.

Zu Holz und Schlaf s. S. 40–43.

II. Das dramatische Schaffen der Naturalisten

I. Vorläufer und erste Versuche

Als am 1. Mai 1874 die Schauspieler des Herzogs von Meiningen mit einer Aufführung von »Julius Cäsar« ihr erstes Gastspiel in Berlin gaben, wurde ein neuer Abschnitt der deutschen Bühnenkunst eingeleitet. An die Stelle des herkömmlichen Theaterbetriebs trat eine Kunst, die Anspruch auf Echtheit der Requisiten erhob und den Realismus der Darstellung als ihr Prinzip erklärte. Das historische Dekor sollte gewahrt und bis in Details hinein genau wiedergegeben werden. Natürliche Sprache statt Deklamation, ein der Wirklichkeit angepaßtes Agieren der Schauspieler war das Ziel. Das Virtuosentum wurde zurückgedrängt, auf harmonisches Zusammenspiel wurde Wert gelegt. Über 2500 Vorstellungen gaben die Meininger während der Zeit ihres Wirkens. Als im Sommer 1890 ihre Gastspielreisen eingestellt wurden, war der naturalistischen Bühnenkunst der Weg geebnet.

Literatur

R. Prölß, Das herzoglich Meiningensche Hoftheater, 1887.

C. W. Allers, Die Meininger, 1890.

P. Richard, Chronik sämtlicher Gastspiele des Sachsen-Meiningenschen Hoftheaters (1874–1890), 1891.

H. Herrig, Die Meininger, ihre Gastspiele und deren Bedeutung für das deutsche Theater, 1897.

Hanstein 1900, S. 11–13.

K. Grube, Die Meininger, 1904.

M. Grube, Geschichte der Meininger, 1926.

G. Jeschke, Die Bühnenbearbeitungen der Meininger während der Gastspielzeit, Diss. München 1922.

A. Kruchen, Das Regieprinzip bei den Meiningern, 1933.

M. Jansen, Meiningertum und Meiningerei, Diss. Berlin 1948 (Masch.).

G. F. Hering, Der Ruf der Leidenschaft, 1959, S. 261–277.

Brahm, 1961, S. 9–23.

J. Müller, Das Meininger Theatermuseum und sein Archiv, in: Kl. Schriften der Ges. für Theatergeschichte, 1962, Heft 18, S. 57–62.

H. Kindermann, Theatergeschichte Europas, Bd. VII, 1965, S. 233–245.

P. Hoffmann, Die Entwicklung der theatralischen Massenregie in Deutschland von den Meiningern bis zum Ende der Weimarer Republik, Diss. Wien 1966 (Masch).

T. Hahn, Die Gastspiele des Meininger Hoftheaters im Urteil der Zeitgenossen unter besonderer Berücksichtigung der Gastspiele in Berlin und Wien, Diss. Köln 1971.

J. Osborne, Die Meininger: Texte zur Rezeption, 1980.

Ders., The Meiningen Court Theatre 1866–1890, Cambridge 1988.

Der bedeutendste Vorläufer des naturalistischen Dramas war *Ludwig Anzengruber* (1839–1889). In seinen Zeit- und Volksstücken nahm er vieles vom kommenden Neuen vorweg, doch trennte ihn sein »aktiver kämpferischer Charakter« (P. Reimann) und der Nachdruck, den er auf die »poetisch-ethische Konzeption« (F. Martini) eines Werkes legte, vom Naturalismus. Auch A. H. J. Knight (1962) und R. C. Cowen (1988) betonen die Unterschiede, die zwischen Anzengruber und den Naturalisten bestehen; man finde bei ihm nicht die Unmäßigkeiten des Naturalismus, und er unterscheide sich von den Anhängern dieser Bewegung vornehmlich dadurch, daß er den freien Willen des Menschen anerkannte und nicht die Allmacht der Verhältnisse in seinem Werk dominieren ließ. Was den Dichter mit den Naturalisten verband, war, wie in der Literatur über ihn immer wieder hervorgehoben wird, die Absicht, das Leben möglichst getreu zu schildern. Auf der Tradition des österreichischen Volkstheaters fußend, verwandte er eine an die Schriftsprache angelehnte Mundart, stellte lebendige Gestalten aus den unteren Schichten der Bevölkerung auf die Bühne, strebte die ethische Vertiefung der dargestellten Geschehnisse an und bemühte sich, in erzieherischem Sinne zu wirken.

Mit dem »Pfarrer von Kirchfeld« (1870) griff er in kirchenpolitische Probleme ein, die in Österreich nach der Verkündigung des Unfehlbarkeitsdogmas entbrannt waren. Dominiert in diesem Drama noch das Theatralische, so ist dies in der Bauerntragödie »Der Meineidbauer« (1871), in der es um einen Erbschaftsstreit geht, schon in geringerem Maße der Fall. In den »Kreuzelschreibern« (1872) wendet er sich vollends der realistischen Schilderung zu. Bauern, die gegen eine kirchliche Neuerung protestieren, Ehefrauen, die ihren Männern den Zugang zum Schlafgemach verwehren: das sind die Gegebenheiten, aus denen die Konfliktsituation entsteht. Die Offenheit gegenüber erotischen Dingen, die Fülle der realistischen Details, die antiklerikale Tendenz und überzeugende Darstellung der Verhältnisse, die den Konflikt herbeigeführt haben, das sind die Faktoren, die den Erfolg dieses Werkes sicherstellen halfen.

Wenn wir das weitere dramatische Schaffen des österreichischen Dramatikers überblicken, so fallen zwei Höhepunkte auf: die Bauernkomödie »Der G'wissenswurm« (1874) und das Volksstück »Das vierte Gebot« (1877). Für den Naturalismus wichtig ist vornehmlich »Das vierte Gebot«, das auch, bezeichnenderweise, im Schaffen Anzengrubers »als eine Art Avantgardestück ziemlich isoliert« (Th. van Stockum) dasteht. In diesem Sittendrama, das im Großstadtmilieu spielt, wird die Unantastbarkeit des biblischen Gebots in Frage gestellt. Der Dichter wendet sich gegen eine verantwortungslose Erziehung und die Art und Weise, wie sie in einer Gesellschaft, die vom sozialen Verfall geprägt ist, praktiziert wird. In einer solchen Gesellschaft, zeigt Anzengruber, kann das vierte Gebot nur Geltung haben, wenn die Eltern der Ehrfurcht, die sie von den Kindern fordern, auch wert sind. Wo das nicht der Fall ist, erweist sich das Gebot als verwerflich und kann, verbunden mit dem Aspekt der erblichen Belastung (Hutterer-Handlung), zu katastrophalen Folgen führen. Es war die realistische Kühnheit des Dichters und der sozial-ethische Gehalt des Stückes, der die Naturalisten ansprach und ihnen Anzengruber als »kräftigsten Vorkämpfer des Naturalismus« (O. Brahm) erscheinen ließ.

Uraufführungen
»Der Pfarrer von Kirchfeld«, 5. Nov. 1870, Wien (Theater an der Wien). »Der Meineidbauer«, 7. Nov. 1871, Wien (Theater an der Wien). »Die Kreuzelschreiber«, 12. Okt. 1872, Wien (Theater an der Wien). »Der G'wissenswurm«, 19. Sept. 1874, Wien (Theater an der Wien). »Das vierte Gebot«, 29. Dez. 1877, Wien (Josefstädter Theater).

Erstdrucke
»Der Pfarrer von Kirchfeld«, 1871. »Der Meineidbauer«, 1871. »Die Kreuzelschreiber«, 1872. »Der G'wissenswurm«, 1874. »Das vierte Gebot«, 1878. – Alle bei Rosner in Wien erschienen.

Gesamtausgaben
Gesamtausg. nach den Hss., in 20 Teilen, hrsg. von E. Castle, 1921. Sämtl. Werke, kritisch durchgesehene Gesamtausg., 15 Bde., hrsg. von R. Latzke u. O. Rommel, 1920–1922.

Selbstzeugnisse
Briefe, hrsg. von A. Bettelheim, 2 Bde., 1902. F. Ferraris, Die Wiener Theaterverhältnisse und L. A. im Spiegel seiner Briefe, in: Die österreichische Literatur, hrsg. von H. Zeman, 1989, S. 257–271.

Literatur

A. Bettelheim, L. A. Der Mann, sein Werk, seine Weltanschauung, 1890.
Ders., Grillparzer und L. A., 1899.
Ders., Neue Gänge mit A., 1919.
H. Sittenberger, Das dramatische Schaffen in Österreich, 1898, S. 300–386.

S. Friedmann, L. A. 1902.

J. J. David, L. A., 1904.

Th. Fontane, Kritische Causerien über Theater, hrsg. von P. Schlenther, 1904, S. 232–234.

J. Bab, L. A. 1904.

K. Kinzel, A. als Dramatiker, 1907.

H. E. Gronow, A's Verhältnis zum Naturalismus, Ph. D. Diss. Chicago 1908 (liegt jedoch in Chicago nicht vor).

Stern, 1909, S. 183–184.

A. Büchner, Zu L. A's Dramentechnik, 1911.

Brahm, 1913, S. 325–344 et passim.

A. Bauschlicher, Die Technik der Dramen A's, Diss. Wien 1918.

O. Rommel, Die Philosophie des Steinklopferhannes, in: ZfdU, Bd. 33 (1919), S. 19–25.

C. W. Neumann, L. A. 1920.

A. Kleinberg, L. A., 1921.

A. B. Ernst, Frauencharaktere und Frauenprobleme bei L. A., 1922.

Holl, 1923, S. 297–303.

K. Ermisch, A. und der Naturalismus, Ph. D. Diss. Minneapolis 1927.

F. Weber, A's Naturalismus, Diss. Tübingen 1928.

E. Spröhnle, Die Psychologie der Bauern bei L. A., Diss. Tübingen 1930.

G. C. Cast, Das Motiv der Vererbung im deutschen Drama des 19. Jhs., Madison 1932, S. 63–69.

J. C. Blankenagel, Naturalistic Tendencies in A's »Das vierte Gebot«, in: GR, 10 (1935), S. 26–34.

R. Szerelmes, Soziale Fragen bei A., Diss. Wien 1938.

L. Koessler, L. A.: Auteur dramatique, Diss. Strasbourg 1943.

E. Castle, Der letzte Klassiker des Volksstücks: L. A., in: Nagl/Zeidler/Castle, Bd. 3, 1935, S. 828–867.

K. Klement, Beiträge zur Weltanschauung L. A's, Diss. Wien 1947 (Masch.).

Boulby, 1951, passim.

Th. van Stockum, Die Anfänge des Naturalismus im deutschen Drama, in: NPh. Bd. 36 (1952), bes. S. 220–221.

A. Klocke, Die religiöse und weltanschaulich-ethische Problematik bei L. A., Diss. Freiburg i. Br. 1955 (Masch.).

P. Reimann, L. A., in: WB, 6 (1960), S. 532–550.

W. Martin, Der kämpferische Atheismus L. A's, Diss. Berlin (Inst. f. Gesellschaftswiss. beim ZK der SED) 1960 (Masch.).

Ders., A. und das Volksstück, in: NDL, 9 (1961), S. 110–121.

Mehring, 1961, S. 509–526 et passim.

F. Martini, Deutsche Literatur im bürgerlichen Realismus, 1962, S. 230–236.

A. H. J. Knight, Prolegomena to the Study of L. A., in: German Studies, presented to W. H. Bruford, London 1962, S. 207–217.

Schley, 1967, S. 65–67.

A. Schmidt, L. A.: »Das vierte Gebot«, in: Das österreichische Volksstück, hrsg. vom Institut für Österreichkunde, 1971, S. 59–76.

W. Dietze, Erbe und Gegenwart, 1972, S. 58–134.

E. McInnes, L. A. and the Popular Dramatic Tradition, in: MuK, 21 (1975), S. 135–152.
Ders., Das deutsche Drama des 19. Jahrhunderts, 1983, S. 130–140.
R. C. Cowen, Das deutsche Drama im 19. Jahrhundert, 1988, S. 186–189 et passim.

Unter den Dramatikern der Übergangszeit ragen *Ernst von Wildenbruch* (1845–1909) und *Richard Voss* (1851–1918) hervor. Zwar gelang es dem letzteren nicht, sich vom Bann der Dumas und Sardou zu befreien, doch näherte er sich in einigen seiner Dramen dem Naturalismus. Krasse Stoffe zogen ihn an, und in seinen Frauendramen behandelte er bisweilen pathologische Probleme. In dem bekanntesten dieser Werke, »Alexandra« (1886), schilderte er das krankhafte Wesen einer wegen Kindesmords verurteilten Gauklerstochter, die nach ihrer Entlassung aus dem Zuchthaus ihren Racheplan an ihrem Verführer durchführen will, doch ihren Haß bezwingt und sich selbst den Tod gibt. Die Zeitgenossen mutete der Stoff und die psychologische Problematik modern an. Später jedoch erkannte man, daß Voß' affektgeladene Stücke und das Überschwengliche seines Stils sich mit den Zielen der Moderne nicht vereinbaren ließen. Daran konnte auch sein Trauerspiel »Die neue Zeit« (1891), in dem er einen Konflikt zwischen Vertretern freisinniger und orthodoxer Anschauungen gestaltete, nichts ändern.

Ernst von Wildenbruch wurde bekannt, als die Meininger im Jahre 1881 seine »Karolinger« aufführten. Im Anschluß daran erlangten einige seiner historischen Bühnendichtungen eine gewisse Popularität. Dem aufkommenden Naturalismus begegnete Wildenbruch mit Unverständnis, doch wurde er zunächst von den Naturalisten mit Wohlwollen betrachtet. Das mag darin begründet gewesen sein, daß er in einigen Werken, z. B. in dem Drama »Väter und Söhne« (1882), die soziale Thematik berührte und im Vergleich mit anderen Schriftstellern der Zeit als Dramatiker ernster zu nehmen war. In seinem erfolgreichsten Stück, den »Quitzows« (1888), kam er in einigen Auftritten dem naturalistischen Stil nahe; doch darf man in diesem Zusammenhang eigentlich nur von erkennbaren realistischen Elementen sprechen. Sein Stilisierungswille und das Streben, die größtmögliche Wirkung zu erreichen, wirkte jeder Wirklichkeitskunst entgegen. Sein eigentlicher Beitrag zum modernen Drama erfolgte erst später (s. S. 66–68).

Zu R. Voß

Erstdrucke
»Alexandra«, 1886. »Die neue Zeit«, 1891. – Beide in Leipzig bei Reclam in
der ›Univ.-Bibl.‹ erschienen.

Sammelausgabe
Ausgewählte Werke, 5 Bde., 1922.

Selbstzeugnisse
Aus einem phantastischen Leben, 1920.

Literatur

K. Goldmann, R. V., 1890.
Kirchner, 1893, S. 136–142.
J. E. v. Grotthuß, Probleme und Charakterköpfe, 1898, S. 178–200.
O. Pach, R. V., in: Literaturbilder fin de siècle, Bd. 3, 1898.
Gottschall, 1900, S. 227–228.
Hanstein, 1900, S. 125–126.
Doell, 1910, passim.
F. v. d. Leyen, R. V., in: DBJb., Überleitungsbd. II (1917/20), S. 334–336.
H. W. Thiemer, R. V. als Bühnenschriftsteller, Diss. Leipzig 1923.
Mohme, 1927, S. 77.
Bernhardt, 1968, S. 169–245.
Schmidt, 1974, S. 132–138.
Giesing, 1984, S. 149–153.

Zu E. v. Wildenbruch

Uraufführungen
»Väter und Söhne«, 15. Nov. 1881, Breslau (Lobetheater). »Die Quitzows«,
9. Nov. 1888, Berlin (Kgl. Schauspielhaus).

Erstdrucke
»Vater und Söhne«, 1882. »Die Quitzows«, 1888. – Beide bei Freund & Jeckel
in Berlin erschienen.

Literatur

s. S. 68.

Wenn wir von den dramatischen Wagnissen eines Wolfgang Kirch-
bach und Conrad Alberti absehen, war es unter den Naturalisten des
Münchener Kreises *Karl Bleibtreu* (1859–1928), der sich schon früh
dem Drama zuwandte. Von der Forschung ist er vernachlässigt worden; doch kann die letzte einschlägige Arbeit (F. Harnack, 1938)

über sein dramatisches Schaffen auch heute noch Anspruch auf Beachtung erheben. Bleibtreu interessierte sich vor allem für das geschichtliche Drama. Der genialen historischen Persönlichkeit wollte er in seinen Werken ein Denkmal errichten, und als seine Lebensaufgabe betrachtete er es, ein wahres deutsches Geschichtsdrama – im Gegensatz zu den Jambenstücken der Epigonen – zu schaffen. Die Gestalt Lord Byrons faszinierte ihn besonders, und eine seiner Byrondichtungen, das Drama »Seine Tochter« (1886), ist für die Geschichte des naturalistischen Dramas wichtig. Es hat den Ruf, das »erste Vererbungsdrama der jüngstdeutschen Literatur« (A. Soergel) gewesen zu sein, und sein Autor gilt aufgrund dessen als der erste deutsche Dichter, der in seinen Dramen »u. a. auch die Lehre Darwins und die moderne Gesellschaftskritik« (F. Harnack) behandelt. Dieses Urteil sollte jedoch eingeschränkt werden; denn abgesehen davon, daß der Erblichkeitsgedanke in der Literatur schon immer eine gewisse Rolle gespielt hat, begegnen wir in der nach-darwinschen Periode bereits vor Bleibtreu einigen Dramen, in denen die Erblichkeit selbst zum Problem wird. Neben *Wilhelm Jordan*, der die Resultate der neuen naturwissenschaftlichen Lehren seinen Werken mitunter gewaltsam aufpfropfte (etwa in »Nibelunge«, 1867–1874), war es vor allem *Anzengruber*, der noch vor Beginn der achtziger Jahre nicht nur moderne gesellschaftskritische Themen, sondern auch das Motiv der Vererbung in moderner Form auf die Bühne brachte. Am stärksten ausgeprägt ist das im »Vierten Gebot«; es sei dahingestellt, ob dieses Werk als vollgültiges Vererbungsdrama gelten kann, doch behandelt Anzengruber darin bereits einige Jahre vor Ibsens »Gespenster« das gleiche Problem wie der Norweger.

In seinem weiteren dramatischen Schaffen versuchte sich *Bleibtreu* in »Volk und Vaterland« (1887) und in dem Schauspiel »Der Erbe« (1889) an Gegenwartsproblemen. In »Volk und Vaterland« kommt es zu einer Auseinandersetzung zwischen Großkapitalisten und Proletariern, doch wird der Streik, der den Inhaber einer Waffenfabrik an den Rand des Ruins bringt, durch die Nachricht, daß der Krieg ausgebrochen sei, in letzter Minute beigelegt. Während die sozialen Gegensätze in diesem Drama – das an Ernst Wicherts »Fabrik zu Niederbronn« (1874) erinnert – durch das mächtig ausbrechende Nationalgefühl überschattet werden, kommt es in dem »Erben« zu keiner Aussöhnung der sich gegenüberstehenden Parteien. Auch hier findet ein Streik statt, doch dient er vor allem dazu, dem Halbbruder eines Industriellen die Gelegenheit zu bieten, seinem Haß auf den »Erben« Ausdruck zu geben und ihn über diesen triumphieren zu lassen. Keiner dieser Bühnendichtungen war irgendeine Wirkung beschieden; die sozialen Probleme, die in ihnen zur

Diskussion gestellt wurden, waren nicht durchgestaltet; es blieb in diesen Werken alles vordergründig.

Uraufführungen
»Volk und Vaterland«, 1. Nov. 1887, Stuttgart (Lessingverein).

Erstdrucke
»Seine Tochter«, zuerst 1881 in einer Buchausgabe, danach wiederholt umgearbeitet, letzte Fassung in: »Lord Byron«, 1886. »Volk und Vaterland«, in »Vaterland«, 1887. »Der Erbe«, 1889.
– Sämtlich bei W. Friedrich in Leipzig erschienen.

Sammelausgabe
Dramatische Werke, 3 Bde. Ebda 1889.

Literatur

G. v. Amyntor, B. als Dramatiker, in: Ges., Jg. 2 (1886), 2. Hj., S. 352–362.
E. Wechsler, K. B.: Eine literarische Studie, in: Ges., Jg. 3 (1887), 2. Hj., S. 559–580.
K. Biesendahl, K. B., 1892.
H. Merian, K. B. als Dramatiker, 1892.
E. Schalden, K. B.: Moderne realistische Literatur im Lichte der Ethik und Ästhetik, 1893.
Hanstein, 1900, S. 45–46 et passim.
Doell, 1910, passim.
Soergel, 1911, S. 58–66 et passim.
Stauf v. d. March, K. B., 1920.
Kniffler, 1929, S. 20–21.
H. Claus, Studien zur Geschichte des deutschen Frühnaturalismus: Die deutsche Literatur von 1880–1890, 1933, S. 27–28, 62–66.
F. Harnack, Die Dramen, K. B's: Eine dramaturgische Untersuchung, 1938.
H. Miehle, Der Münchner Pseudonaturalismus der achtziger Jahre, Diss. München 1947 (Masch.).
Boulby, 1951, S. 394–395 et passim.
Praschek, 1957, passim.

Von dem Berliner Kreis der Naturalisten waren es neben dem abseits stehenden *Max Kretzer*, der im Sträflingsstück »Bürgerlicher Tod« (1888) in den Bannkreis von R. Voß geriet, *John Henry Mackay* (1864–1933) und *Julius Hart* (1859–1930), die sich als Dramatiker hervortaten. Von der Forschung ist ihr Beitrag auf dem Gebiet des Dramas fast gänzlich übersehen worden. Das Trauerspiel »Um ein Nichts!« (1886) des deutsch-schottischen Schriftstellers fällt nicht sehr ins Gewicht, bekundet jedoch Mackays vorrangige Beschäftigung mit sozialen Problemen sowie die Wirkung, die Ibsen auf die junge Generation ausübte. Auch in Harts Drama »Der Sumpf«

(1886) zeichnet sich diese Wirkung ab (der Titel bezieht sich auf den verderblichen Einfluß, der von der Berliner Metropole ausging). Der Autor gestaltet das Schicksal eines jungen Malers, der sich dem modernen Realismus verschrieben hat, nach Berlin geht und dort einer Frau verfällt, die ihn zugrunde richtet; diese femme fatale und die Großstadt, die sie verkörpert, machen ihn zu jeder schöpferischen Tat unfähig, und am Ende dieses mit Hilfe von Melodramatik und Pathos gefügten Werkes steht der Selbstmord des Helden.

Zu J.H. Mackay:

Erstdruck
»Um ein Nichts!« (Anna Hermsdorff). Minden: Bruns 1886.

Selbstzeugnisse
»Abrechnung: Randbemerkung zu Leben und Arbeit«, 1932.

Literatur

M. Messer, J.H.M., in: NDR, Jg. 8 (1897), S. 306–321.
Hanstein, 1900, S. 139.
Doell, 1910, passim.
Bernhardt, 1968, S. 331–333.

Zu J. Hart:

Uraufführung
»Der Sumpf«, 26. April 1891, Berlin (Verein Deutsche Bühne).

Erstdruck
»Der Sumpf«. Münster: Bronn 1886.

Literatur

Kirchner,, 1893, S. 213–214.
Hanstein, 1900, S. 139–140 et passim.
K. Maertin, J.H., in: OMh., Jg. 11 (1930/31), S. 509–516.
Boulby, 1951, S. 205–206.
Bernhardt, 1968, S. 334–341.

Etwa um die gleiche Zeit trat *Hermann Bahr* (1863–1934) – dessen spezifischer Beitrag zum naturalistischen Drama in der Sekundärliteratur fast immer nur am Rande erörtert wird – mit seinen ersten dramatischen Arbeiten hervor. Schon während seines Studiums hatte der junge Österreicher Verbindungen zu den Zentren der modernen Literatur angeknüpft, in Berlin hatte er sich dem Naturalismus zugewandt und sich für Ibsen und die sozialistischen Ideen, die den Tag beherrschten, begeistert. Ein Höhepunkt seiner Bestrebungen in dieser Zeit war die Veröffentlichung seines Dramas »Die neuen Menschen« (1887). Die Handlung dieses Stückes wird von der Problematik des Sozialismus genährt und spiegelt auch etwas vom Dirnenkult, der damals en vogue war; in dem die Theatralik und den grellen Effekt nicht scheuenden Schauspiel gesellt sich zu einem gläubigen Sozialistenpaar (Mann und Frau) ein Straßenmädchen und zerstört die Gemeinschaft der beiden; im Mittelpunkt steht der Gedanke, daß es mit den »neuen Menschen« und ihren Ideen nicht weit her ist, daß das doch »alles nur Schöngeschwätz« (S. 55) ist. Die Diskussionen, die sich an der Fragestellung dieses Werkes entzündeten, brachten dem Autor die literarische Anerkennung seiner Zeitgenossen.

Schon Bahrs nächstes Drama gehört kaum noch in den Bereich des Naturalismus. Zwar ist »Die große Sünde« (1889) Ibsen gewidmet, und von ihm hat es den »Spott über die bürgerliche Angstmeierei und das bloße Spielen mit demokratischen Worten« (P. Fechter), doch zeichnet sich in diesem bürgerlichen Trauerspiel schon deutlich Bahrs Hinwendung zu den heraufkommenden neuromantischen Strömungen ab. Neben dem gesellschaftskritischen Anliegen erinnert zwar noch einiges an den Naturalismus, doch steht schon alles im Zeichen der Dekadenz und der fin du siècle-Stimmung. Gegen Ende des Dramas haben Strindberg und Maeterlinck Ibsen völlig verdrängt, und vieles deutet schon auf Wedekinds »Erdgeist« hin.

Uraufführung
»Die neuen Menschen«, 18. Januar 1891, Berlin (Verein Deutsche Bühne).

Erstdrucke
»Die neuen Menschen«, 1887. »Die große Sünde«, 1888. – Beides im Verlags-Magazin, Zürich, erschienen.

Selbstzeugnisse
In Erwartung Hauptmanns, in: Mit G. Hauptmann, hrsg. von W. Heynen, 1922, S. 34–68. Selbstbildnis, 1923. Briefwechsel mit seinem Vater, hrsg. von A. Schmidt, 1971. Der Prophet der Moderne: Tagebücher 1888–1904, hrsg. von R. Farkas, 1987.

Literatur

Kirchner, 1893, S. 222–223, 235–237.
H. Sittenberger, Das dramatische Schaffen in Österreich, 1898, S. 227–246.

Steiger, Bd. 2, 1898, S. 8–10, 304–309.

Doell, 1910, passim.

W. Handl, H. B., 1913.

M. M. Macken, H. B., in: Studies, XV (1926), S. 34–46, 573–586.

Ders., H. B., in: Studies, XXIII (1934), S. 144–146.

Guntrum, 1928, S. 54–57.

J. Sprengler, H. B.: Der Weg in seinen Dramen, in: Hochland, Jg. 25 (1928), S. 352–366.

A. Bahr-Mildenburg, Bibliogr. der Werke von H. B., in: JDBL., Jg. 20 (1934), S. 51–55.

P. Wagner, Der junge H. B., Diss. Gießen 1937.

E. Castle und K. Nirschl, Die neue Generation um H. B. in: Nagl/Zeidler/Castle, Bd. 4, 1937, S. 1649–1702.

A. Fuchs, Moderne österreichische Dichter, 1946, S. 21–30.

K. Bogner, H. B. und das Theaterwesen seiner Zeit, Diss. Wien 1947 (Masch.).

F. Lehner, H. B., in: MH, Jg. 39 (1947), S. 54–62.

E. Gottsmann, H. B. als Theaterdichter, Diss. Innsbruck 1947 (Masch.).

H. Schlüter, H. B. und das Zeitalter des Fin de Siècle, in: LR, III (1948), S. 497–504.

H. Kindermann, H. B. Ein Leben für das europäische Theater (mit Bibliogr. von K. Thomasberger), 1954.

Fechter, 1957, S. 109–115.

C. Prodinger, H. B. und seine Zeitkritik, Diss. Innsbruck 1962 (Masch.).

D. G. Daviau, H. B's Nachlaß, in: JASRA, II (1963), Nr. 3, S. 4–27.

Ders., The Friendship of H. B. and A. Schnitzler, in: JASRA, V (1966), Nr. 1, S. 4–36).

Ders., Der Mann von Übermorgen: H. B. 1863–1934, 1984.

Bernhardt, 1968, S. 246–326.

Zwischen Berlin und München pendelte damals *Max Halbe* (s. S. 37–40) hin und her. Noch vor Beendigung des Studiums schrieb er sein Erstlingsdrama »Ein Emporkömmling« (1889). Die Hauptgestalt dieses Werkes steht noch ganz im Schatten des Meisters Anton. Halbes Emporkömmling ist ein Tagelöhnerssohn, der sich aus eigener Kraft zum Gemeindevorsteher eines kleinen westpreußischen Dorfes emporgearbeitet hat. Da er sich für die Rechte der Minderbemittelten einsetzt, wird das Verhältnis zu den anderen Bauern immer gespannter. Zudem gerät er mit seinem Sohn in einen Konflikt, da dieser sich in die Tochter des Nachbarn, des ärgsten Widersachers seines Vaters, verliebt hat. Der Vater-Sohn-Konflikt wird durch den Selbstmord des Sohnes gelöst, die Fehde mit dem Nachbarn endet in Brandstiftung und Totschlag. Trotzdem war dieses Werk noch kein naturalistisches Drama, doch sorgte ein erster Niederschlag naturalistischer Ideen (vor allem das Sozialbewußtsein) für die Aura des Modernen.

Erstdruck
»Ein Emporkömmling«. Norden: Fischer Nachf. 1889

Literatur
s. S. 47–49.

Halbes Altersgenosse *Friedrich Lienhard* (1865–1929), der sich später als Vertreter der Heimatkunst einen Namen machte, schrieb auch eine soziale Tragödie: »Weltrevolution« (1889). In diesem Werk, auf dessen geistesgeschichtlich aufschlußreiche Problemgestaltung in jüngster Zeit Hamann und Hermand hingewiesen haben, stehen die »Geld- und Adelsprotzen« der besseren Gesellschaft den Agitatoren der »Umsturzpartei« gegenüber. Zu den letzteren gesellt sich ein Student, der die Schranken der Parteien und Konfessionen beseitigen, das Volk wachrufen und ihm einen neuen Geist schaffen will; er steigert sich dabei in die Pose eines Menschheitserlösers hinein, und schließlich gelingt es ihm, die Arbeiter zum Kampf gegen die Kräfte der Reaktion zu führen. Das halbe Königreich wird unterworfen, doch bricht dann die Revolution »wie ein Traum sektiererischer Utopisten« (Hamann/Hermand) zusammen.

Erstdruck
»Weltrevolution«. Dresden: Pierson 1889.

Sammelausgabe
Ges. Werke, 15 Bde., 1924–1926.

Selbstzeugnisse
Jugendjahre, 1917. Berliner Anfangsjahre, in: WMh., Bd. 123 (1917), Teil 1, S. 231–236, 329–336.

Literatur

Doell, 1910, S. 53–55 et passim.
T. Stromberger, Die dramatischen Werke L's, in: MDL, Jg. 5 (1901), S. 305–317.
Soergel, 1911, S. 737–746.
C. Hünerberg, F. L., 1916.
P. Bülow, F. L. Der Mensch und das Werk, 1923.
W. Frels, Lienhard-Bibliogr., in: SL, Jg. 26 (1925), S. 437–442.
W. Deetjen, F. L. in: DBJb., Bd. 11, S. 172–180.
Kniffler, 1929, S. 21–23.
E. Barthel, F. L. 1941.
Hamann/Hermand, 1959, S. 273–274.

Am Ende dieser Reihe steht *Otto Erich Hartleben* (s. S. 45–47) mit seiner Ibsen-Parodie »Der Frosch« (1889). Hartleben, der sich wie viele seiner Generation für Ibsen rückhaltlos begeistert hatte, war mit der Zeit an dem Meister irre geworden, und zwar weil sich Ibsen immer weiter vom Naturalismus der »Gespenster«, des »Volksfeindes« usw. entfernt und seiner Hinneigung zur Phantastik und Symbolistik immer mehr Raum gegeben hatte. So nimmt es nicht wunder, daß Hartleben im »Frosch« seinen Spott vor allem gegen die »Symbolfaxerei« und den »Geheimniskram« des Norwegers richtet und in Anlehnung an dessen Technik so manches enthüllt.

Erstdruck
»Henrik Ipsen Der Frosch«. Leipzig: Reißner 1889.

Literatur
s. S. 57–58.

2. *Der Durchbruch des Neuen*

Als am 20. Okt. 1889 *Gerhart Hauptmanns* »Vor Sonnenaufgang« in Berlin zum erstenmal über die Bühne ging, war der Durchbruch des Neuen vollzogen. Der Autor dieses sozialen Dramas hatte sich nach einer bewegten Studienzeit in Erkner niedergelassen. Dem literarisch interessierten Publikum bedeutete sein Name nichts, lediglich in den Kreisen der »Jüngstdeutschen« zollte man ihm Achtung, hauptsächlich aufgrund seiner Novelle »Bahnwärter Thiel«. Kurz vor der Aufführung seines dramatischen Erstlings war in Berlin die ›Freie Bühne‹, eine Vereinigung fortschrittlich gesinnter Literaten und Literaturbeflissener, mit einer Vorstellung von Ibsens »Gespenster« eröffnet worden. Das war jedoch nur der Auftakt gewesen. Hauptmanns Stück schien jetzt die Erfüllung dessen, was man sich vom neuen Drama erhofft hatte. Der Einfluß der kraßrealistischen Darstellungsweise Tolstois war erkennbar, Ibsens Enthüllungstechnik hatte augenscheinlich als Vorbild gedient, und auch an Zola fühlte man sich erinnert. Die skandalöse Aufführung dieses Werkes ist in der Geschichte der ›Freien Bühne‹ ohnegleichen geblieben und blieb auch in der Entwicklung des deutschen Theaters ein Wendepunkt.

Wie in »Gespenster« wird in »Vor Sonnenaufgang« dem Vererbungsgedanken und Alkoholismus eine beherrschende Stellung eingeräumt. Da ist das Milieu eines durch Landverkauf reich gewordenen schlesischen Bauern. Eine ehebrecherische Frau, die die Stieftochter an den Liebhaber verkuppeln will, eine andere Tochter, die mit einem skrupellosen Geschäftemacher verheiratet ist, dazu der Bauer, der sich an der eigenen Tochter vergreifen will, das sind die Hauptgestalten dieser »Rougon-Macquarts in Duodez« (R. F. Arnold). Hinzu kommt ein Nationalökonom, der sich in die jüngere Tochter verliebt, jedoch aus Prinzipientreue als Mensch versagt und sie in den Tod treibt. Die Gestalt dieses Ökonomen hat das besondere Interesse der Forschung erweckt: vermittels dieser Figur trete »das epische Ich« (s. dazu P. Szondi) in diesem Werk in Erscheinung, trotz der Sympathien, die der Dichter für seinen Ökonomen empfunden haben mochte, biete er hier »eine wirklichkeitsgetreue Kritik an [Loth] und den Sozialreformern seines Schlages« (H. Mayer), auch wäre das Verhalten dieser Gestalt weniger irritierend, wenn Leser und Zuschauer »in den Anschauungen Loths nicht immer wieder die des Autors zu erkennen glaubten« (P. Sprengel). Bei allen Schwächen lassen sich in diesem Frühwerk schon die wesentlichen Merkmale der Hauptmannschen Kunst erkennen: das meisterhafte Charakterisierungsvermögen in der Zeichnung einzelner Gestalten, die sichere Handhabung des Dialekts, die getreue Nachzeichnung des Milieus; schließlich besticht auch schon die sprachliche Gestaltung, die vor allem von Holz und Schlaf, denen dieses Drama gewidmet war, entscheidende Anregungen empfangen hatte.

Uraufführung
»Vor Sonnenaufgang«, 20. Okt. 1889, Berlin (Freie Bühne).

Erstdruck:
»Vor Sonnenaufgang«. Berlin: Conrad 1889.

Literatur
s. S. 33–38.

Einige Wochen nach der Aufführung von »Vor Sonnenaufgang« wurde *Hermann Sudermanns* Schauspiel »Die Ehre« in Berlin aus der Taufe gehoben. Der Erfolg war überwältigend; der ostpreußische Schriftsteller, der bereits als Prosaautor hervorgetreten war, wurde über Nacht berühmt. In diesem Werk, in dem sich der Einfluß Ibsens und Bleibtreus, des Wiener Volksstücks und des französischen Gesellschaftsdramas abzeichnet, treffen wir auf ein bei Sudermann oft vorkommendes Motiv: das des Heimkehrers, der innerlich dem Milieu, aus dem er stammt, entfremdet ist, dorthin zurückfinden will, dabei in einen Konflikt gerät und in seinem Inneren einen Kampf zu bestehen hat. Auch die Grundkonstellation der Sudermannschen Dramen läßt sich bereits erkennen: zwei Welten, die sich gegenüberstehen, und dazwischen der Held. In »Ehre« stammt der ›Held‹ aus dem Hinterhaus, hat aber von den Reichen des Vorderhauses seine Erziehung erhalten und ist für sie im Ausland tätig gewesen. Seiner Gesinnung nach gehört er nicht mehr zu den Menschen im Hinterhaus, und als er dorthin zurückkehrt, muß er dies erkennen. Das Milieu des Hinterhauses wird dabei in einer Reihe von Szenen unterschiedlichen Wertes nach dem Leben geschildert (hier vor allem ist die naturalistische Komponente), während das des Vorderhauses weitgehend in den Requisiten und Konventionen der Unterhaltsliteratur befangen bleibt. Die Probleme, die sich für die Hauptperson ergeben, werden mit Hilfe eines reichen Freundes gelöst, und über allem steht die Erkenntnis, daß es »zweierlei Ehre« (der ursprüngliche Titel des Stücks) gibt.

Uraufführung
»Die Ehre«, 27. November 1889, Berlin (Lessingtheater).

Erstdruck
»Die Ehre«. Berlin: F. u. P. Lehmann 1889.

Literatur

s. S. 53–55.

Bereits einige Tage nach der Aufführung der »Ehre« wies Otto Brahm in einer Besprechung (›Nation‹, 30. 11. 1889) darauf hin, daß es Sudermann offenstünde, sich noch entschiedener hinter den Naturalismus zu stellen oder lediglich ein beim Publikum beliebter Theaterschriftsteller zu werden. Sudermanns Entwicklung zeigt, daß der Theaterinstinkt in ihm zu stark war, um sich rückhaltlos dem Naturalismus verschreiben zu können. Er wurde der erfolgreichste, aber auch der von der fortschrittlichen Kritik am ärgsten befehdete Dramatiker der Zeit.

Indessen war die ›Freie Bühne‹ unermüdlich für die Belange der »Moderne« tätig und konsolidierte die gewonnene Position. Dramen von Anzengruber, Tolstoi, Björnson, den Brüdern Goncourt und anderen modernen Autoren erschienen im Spielplan. Die Zeitschrift ›Freie Bühne für modernes Leben‹ wurde gegründet; sie lief der Münchener ›Gesellschaft‹ bald den Rang ab und wurde eines der wichtigsten publizistischen Organe der Naturalisten-Generation. Auch wirkte das Beispiel, das Otto Brahm, Paul Schlenther und die anderen Gründer der ›Freien Bühne‹ gegeben hatten, andernorts anregend. In München wurde der ›Akademisch-dramatische Verein‹ gegründet, in Berlin die ›Freie Volksbühne‹ und später die ›Neue Freie Volksbühne‹; auch in Hamburg, Leipzig, Stettin, Wien und anderen Städten tat man sich zusammen, um die Ziele der »Moderne« zu fördern.

Literatur

Freie Bühnen

E. v. Wolzogen, Freie Bühne, in: Ges., Jg. 5 (1889), 4. Qu., S. 1733–1745.

P. Schlenther, Wozu der Lärm? Genesis der freien Bühne, 1889.

Ders., Die freie Bühne, in: Pan, Jg. 2 (1896), Heft 1, S. 27–32.

M. G. Conrad, Die sogenannte ›Freie Bühne‹ in Berlin, in: Ges., Jg. 6 (1890), 1. Qu., S. 403–404.

G. Troll, Die deutsche Volksbühne, in: Ges., Jg. 6 (1890) 2. Qu., S. 896–905.

C. Alberti, Die ›Freie Bühne‹, in: Ges., Jg. 6 (1890) 3. Qu., S. 1104–1112, 1348–1355.

H. Kaatz, Die Frage der Volksbühnen, 1890.

G. Adler, Die Sozialreform und das Theater, 1891.

W. Thal, Berlins Theater und die freien Bühnen, 1890.

J. Hart, Wer ist der Begründer der Freien Volksbühne?, in: FB, Jg. 2 (1891), S. 243–245.

Ders., Der Streit um die Freie Volksbühne, in: FB, Jg. 3 (1892), 3. und 4. Qu., S. 1226–1229.

B. Wille, Die Freie Volksbühne und der Polizeipräsident, in: FB, Jg. 2 (1891), S. 673–677.

J. Schaumberger, Die Volksbühne und das moderne Drama, 1891.

R. Grelling, Die Maßregelung der Freien Volksbühne, in: MfL, Jg. 61 (1892), S. 92–93, 108–110.

Ders., Der Kampf gegen die freien Bühnen, in: MfL, Jg. 64 (1895), Sp. 1369–1371.

Hanstein, 1900, S. 141—146 et passim.

Die Neue Freie Volksbühne: Geschichte ihrer Entstehung und Entwicklung, hrsg. vom Vorstand, 1905.

J. Schlaf, Die Freie Bühne und die Entstehung des naturalistischen Dramas, in: Der Greif, Jg. 1 (1914), S. 403–413, 481–490, 538–549.

C. Schmidt, Volksbühnenbewegung, in: LE, Jg. 20 (1917/18), Sp. 332–337.

H. Selo, Die Freie Volksbühne in Berlin, Diss. Erlangen 1930.

S. Nestriepke, Geschichte der Volksbühne Berlin, 1930.

Brahm, 1961, S. 27–40 et passim.

Soergel/Hohoff, 1961, S. 60–68.

L. Baxandall, The Naturalist Innovation on the German Stage: The Freie Bühne and Its Influence, in: Modern Drama, Bd. 5 (1963), S. 454–476.

Masaru Fujita, »Jiyû-Minshû-Butai« o megutte [›Freie Volksbühne‹. Zur Geschichte der dt. Volksbühne], in: Kage (Tokio), 1963/64, Nr. 6, S. 30–42.

F. Mehring, Aufsätze zur ausländischen Literatur. Vermischte Schriften, 1963, S. 248–315.

P. Bochow, Der Geschmack des Volksbühnenpublikums, Diss. FU Berlin 1965.

W. Hecht, F. Mehring und die Freie Volksbühne 1892 bis 1896, in: Interntl. wissenschaftliche Konferenz über Arbeiterbewegung und Klassik, 1965, S. 101–111.

Schley, 1967.

H. Kindermann, Theatergeschichte Europas, Bd. VIII, T. 1, 1968, S. 20–127. Münchow, 1968, S. 82–86.

G. Fülberth, Proletarische Partei und bürgerliche Literatur, 1972, S. 106–110. Brauneck, 1974, S. 20–49.

H. Braulich, Die Volksbühne. Theater und Politik in der deutschen Volksbühnenbewegung, 1976.

C. W. Davies, Theatre for the People: The Story of the Volksbühne, Manchester 1977.

P. Sprengel, Erinnerung an eine Utopie – Aus der Frühzeit der Berliner Volksbühne, in: Freie Volksbühne Berlin 1890–1990, 1990, S. 11–31.

3. Die naturalistische Phalanx

Einige Monate nach der Aufführung von »Vor Sonnenaufgang« erschien *Gerhart Hauptmanns* (1862–1946) zweites dramatisches Werk: »Das Friedensfest«. Es zeigte die Auswirkung von Vererbungs- und Umweltfaktoren und stellte die unerquicklichen Verhältnisse in einer Familie dar, deren Mitglieder sich im täglichen Zusammenleben gegenseitig aufreiben. Das Stück fand wenig Widerhall, wurde aber in den Kreisen der »Moderne« diskutiert, schon weil der Stoff aus Wedekinds Familiengeschichte stammte. In den 60er Jahren ist es Gegenstand einer detaillierten Untersuchung von N. E. Alexander geworden: das typisch Naturalistische dieses Dramas und überhaupt der naturalistischen Bühnendichtungen Hauptmanns sieht Alexander in der Handhabung der Sprache, und die »großartige gestische Kunst« des Schlesiers gilt ihm als dessen »bedeutendster Beitrag zum naturalistischen Drama« (S. 73). In jüngster Zeit wird es von H. Scheuer mehr im Hinblick auf die Gattung des Familienstücks untersucht, auch spürt man sexuellen Verstrickungen und Triebverirrungen nach (H. Stroszeck).

Das folgende Werk des Dichters, das Schauspiel »Einsame Menschen« (1891), bot nicht mehr eine der Wirklichkeit abgelauschte Nachzeichnung eines interessanten Einzelfalls, sondern das Abbild eines Typus', der unter den Generationsgenossen Hauptmanns oftmals zu finden war: den des Geistesmenschen, der das Neue verwirklichen wollte, aber im Alten noch zu befangen war, um sich davon lösen zu können. Der Protagonist dieses Dramas fühlt sich von seiner Frau und den Menschen seiner Umgebung nicht verstanden und wird dazu gezwungen, sich von einer gleichgesinnten Zürcher Studentin abzuwenden; er endet als Selbstmörder, zumal er erkennt, daß der neue, geistig fundierte Zustand der Gemeinschaft zwischen Mann und Frau, den er vorzuempfinden vermeinte, eine Illusion ist.

Das Naturalistisch-Moderne dieses Stückes lag – obwohl der Autor durch den »Abbau von gesellschaftsreformerischen Überzeugungen« (H. Steffen) und das Ad-absurdum-Führen der antizipierten neuen Gemeinschaftsform (s. dazu K. S. Guthke) am Ideengut der jungen Generation Kritik übte – in der Problemstellung und in der Gestaltungsweise. Es sind dem Leben nachgebildete Szenen, die sich zu einem künstlerisch durchgestalteten Ganzen zusammenfügen. Trotz einiger Schwächen war es das erste Werk Hauptmanns, das sich auf öffentlichen Bühnen behaupten konnte. Die Menschengestaltung sprach an, desgleichen die Tatsache, daß psychologische Einsichten sowie die Wiedergabe der wechselnden Stimmungen eine weitaus größere Rolle spielten, als das bisher im Drama der Fall gewesen war. Hinzu kam noch die von den naturalistischen Sprachprinzipien weniger abweichende als vielmehr sie ergänzende Eigenart der Dialogtechnik, nämlich die kunstvolle Verwendung des mimisch-gestischen Elements.

Das Jahr 1892 sah die Veröffentlichung von zwei weiteren Werken Hauptmanns: des Schauspiels »Die Weber« und der Komödie »Kollege Crampton«. Das letztere war der Beginn einer Reihe von Künstlerdramen, die zwar eine wichtige Etappe im dramatischen Schaffen Hauptmanns waren, aber für den Naturalismus nicht sonderlich von Belang sind. »Die Weber« dagegen, zusammen mit dem etwas später erschienenen »Biberpelz« (1893), waren der Höhepunkt der naturalistischen Dichtung in Deutschland. Die Vorgänge spielen in den 40er Jahren des 19. Jhs., hatten jedoch Gegenwartsbezug. Schon die Geschichte der Zensurschwierigkeiten und Aufführungsverbote bezeugt dies. Im Februar 1893 wurden »Die Weber« in einer dem Hochdeutschen angenäherten Dialektfassung von der ›Freien Bühne‹ aufgeführt. Die Wirkung war nachhaltig, ließ sich jedoch nicht mit der vergleichen, die die erste öffentliche Aufführung (Sept. 1894) hinterließ. Die summarischen Bemerkungen in der Jahreschronik des »Neuen Theater-Almanachs« (VI, S. 134) sind in dieser Hinsicht bezeichnend: »Stürmische Kundgebungen! Als ein Ereignis von politischer Bedeutung betrachtet!« Das hatte zwar nicht in der Absicht des Autors gelegen, war aber kaum zu vermeiden gewesen; der Rechtsstreit mit den Behörden hatte das Interesse an dem Stück gesteigert und seine Popularität erhöht. Hauptmann selbst ging es darum, das Elend im Notstandsgebiet der Weber auf der Bühne darzustellen und zu zeigen, wie es zum Aufstand im Eulengebirge gekommen war. Intensive Quellenstudien gingen der Niederschrift des Werkes voraus, die betroffenen Gebiete wurden bereist und auch auf die Familiengeschichte wurde zurückgegriffen. Während der Vorarbeiten stieß Hauptmann auch auf den Text des Weberliedes, das »gewissermaßen das Rückgrat des Schauspiels« (F. Mehring) wurde; es hielt die einzelnen Episoden zusammen, steigerte sie wirkungsvoll und ermöglichte es dem Autor, der ständig um sich greifenden Revolte sinnfälligen Ausdruck zu geben.

Das Interesse der Forschung hat in besonderem Maße dem »von Anfang bis Ende als Anti-Klimax« (K. S. Guthke) wirkenden letzten Akt gegolten, vor allem weil hier statt der Webermasse, die bisher der eigentliche Held war, ein einzelner Weber in den Mittelpunkt des Interesses gerückt wird. Dieser Weber (der alte Hilse) wendet sich vom Kollektiv ab; er glaubt an eine überirdische Gerechtigkeit und einen Ausgleich im Jenseits und stirbt durch die verirrte Kugel eines Soldaten. Viel ist über das Ende dieses Mannes geschrieben worden, doch gehen die Argumente zumeist dahin, daß sein Tod den unvermeidlichen Zusammenbruch der Revolte bereits andeutet, daß dadurch »sowohl das schrankenlose Gottvertrauen als auch die bewaffnete Selbsthilfe in Frage gestellt werden« (Hamann/Hermand), und daß hier zum erstenmal im Werke Hauptmanns »eine Wendung ins Geistige, ins Geistliche« (K. May) klar herausgearbeitet ist. Eine der letzten umfassenden »Weber«-Interpretationen hält in dieser Beziehung fest, daß der Dichter sich damit vom »Weltverbesserertum der Sozialisten genauso wie von der schlesischen Väterreligion mit ihrem überwertigen Jenseitsbezug« distanziert hat (W. Rothe). Auch sind in den 80er Jahren im Hinblick auf den letzten Akt der »Weber« die strukturellen Bezüge stärker herausgestellt worden. B. Holbeche spricht von »Hilfskonstruktionen«, die die künstliche Trennung überwinden helfen; er betrachtet Hilses Tod als eine Art »Ersatzschluß«.

War Schlesien der landschaftliche Hintergrund in den »Webern«, so ist es im »Biberpelz« die Mark Brandenburg und Berlin. Nur in der Hauptgestalt, der Mutter Wolff, bricht das Schlesische durch; es verbindet sich mit dem Berlinisch-Märkischen und gibt ihrer Sprechweise zusätzliche Individualität. Überhaupt ist die sprachliche Gestaltung in dieser Komödie differenzierter als in der Webertragödie. Das gilt auch für die Menschengestaltung, doch ist das Werk als Ganzes den »Webern« nicht gleichwertig. Wohl ist die Wolffen eine der lebensvollsten Gestalten Hauptmanns, und ihrem Daseinskampf steht der Leser bzw. Zuschauer mit einer gewissen Sympathie gegenüber, doch nimmt sich der Vorwurf zu diesem

Stück etwas dürftig aus. Es wird nur immer die Unfähigkeit eines auf den ersten Blick aus unfähig erkannten Amtsvorstehers, in dessen Gehaben sich die Fragwürdigkeit des Staatswesens widerspiegelt, unterstrichen. Anfangs ist das Geschehen noch possenhaft, doch gewinnen satirische Elemente immer mehr an Raum. Mit dem oft erhobenen Einwand der Kompositionslosigkeit hat sich besonders J. Vandenrath befaßt und gezeigt, daß dem scheinbar so einfachen Gefüge klar erkennbare Bauprinzipien unterliegen. Auch R. Grimm, F. Martini, G. Oberembt und andere Forscher haben auf die sorgfältig durchdachte Anlage des Ganzen hingewiesen. Ein eigentliches Ende hat »Der Biberpelz«, wie bereits in den ersten Rezensionen festgestellt wurde, nicht; »die Schlußpointe faßt lediglich den fortbestehenden komischen Widerspruch zusammen« (W. Trautwein). Die Diebskomödie wurde später im »Roten Hahn« (1901), einer in dunkleren Farben gehaltenen Tragikomödie, fortgesetzt. Die einst dominierenden Bühnengestalten haben sich darin grundlegend gewandelt, derart, daß die Tragikomödie sich »weniger für das Star-Theater als das Ensemblespiel« eignet (Requardt/Machatzke).

Kaum zwei Monate nach der Uraufführung des »Biberpelzes« (Sept. 1893) gelangte ein anderes Drama Hauptmanns auf die Bühne: die Traumdichtung »Hanneles Himmelfahrt«. Die Grenzen des Naturalismus wurden in diesem Werk überschritten; neben naturalistischen Szenen stehen solche, die voller Poesie und romantisierender Elemente sind. Aus dem weiteren dramatischen Schaffen Hauptmanns müssen noch einige Werke im Gefüge des naturalistischen Dramas berücksichtigt werden. In einem dieser Werke, der Tragödie »Florian Geyer« (1896), versuchte Hauptmann, die naturalistische Sprachgestaltung auf einen rein historischen Stoff anzuwenden. In der Kritik hat man viel über diese Tragödie orakelt, und in den Nachkriegsjahren hat sich in dieser Hinsicht besonders die an der marxistischen Gesellschaftswissenschaft orientierte Forschung hervorgetan, die, anknüpfend an F. Mehrings Ausführungen, gewöhnlich auf Hauptmanns mangelhafte Kenntnis der wahren historischen Zusammenhänge hinweist und die Mängel des Stücks aus dem »Fehlen einer historisch-konkreten Betrachtungsweise« (H. Mayer) zu erklären sucht. Der Autor wollte in diesem Drama den Ablauf der letzten Phase des Bauernkrieges und das Charakterbild eines der Anführer mit veristischen Mitteln darstellen. Das Resultat war ein philologisches Meisterstück, doch war über der Kleinarbeit die wirkungsvolle Verteilung der nötigen Spannungsmomente vernachlässigt worden. Das Stück zog sich in die Länge, der epische Zug dominierte merklich, und vieles wurde nicht in bühnenwirksame Vorgänge umgesetzt.

Ganz anders war es dagegen mit »Fuhrmann Henschel« (1898). Zusammen mit »Rose Bernd« (1903) gehört es zu jenen Charakterdramen Hauptmanns, die fest in schlesischer Erde wurzeln und als Zeugnis eines »ruhiger ausgereiften und nicht mehr durch naturwissenschaftlichen Analogie-Ehrgeiz forcierten und irritierten späten Naturalismus« (B. Markwardt) gelten dürfen. Das Ende ist in beiden Werken tragisch. Der Fuhrmann nimmt sich das Leben, als er sich vom Schuldbewußtsein übermannt fühlt, und das Dorfmädchen macht sich des Mordes an ihrem unehelichen Kind schuldig. Beide folgen triebhaften Impulsen; sie können sich nicht von der Fessel ihrer Anlage und des sie umgebenden Milieus befreien. Das Milieu ist in diesen Dramen der Wirklichkeit nachgeformt; der durch die Mundart geprägte Stil wirkt lebensecht, und auch die dramatis personae werden als lebenswahr empfunden. Trotz aller naturalistischen Technik treffen wir auf Züge, die als Annäherung an das Bühnenmäßige verstanden werden können. Die dramatische Substanz ist kräftiger als sonst herausgearbeitet; die Anordnung der Einzelheiten und straffe Organisation des Ganzen läßt das Konstruktive stärker hervortreten und den »bauenden Kunstverstand des Dichters« (Schrimpf) erkennen.

Das ist in noch viel stärkerem Maße in den »Ratten« (1911) der Fall. Die heutige Forschung sieht dieses Werk, das die »alte These von der Tragikfähigkeit des vierten Standes« (s. dazu B. Markwardt) wieder aufgriff, vor allem »unter der Kategorie der Tragi-Komödie oder unter dem Blickpunkt einer bereits symbolischen Gestaltungsweise« (B. v. Wiese). Durch die innige Verbindung von naturalistischer Sprachführung, mimischer Gebärdenkunst und herkömmlichen literarischen Mitteln wird eine symbolische Ausweitung des dargestellten Geschehens erreicht. Das Milieu, eine ehemalige Kavalleriekaserne, die als Mietshaus dient, wird genau erfaßt. Ausgehöhlt und von »Ratten« bedroht, widerspiegelt sich hier die brüchige Gesellschaftsordnung des wilhelminischen Deutschland. Vertreter verschiedener sozialer Schichten treten auf, erfüllen ihre Aufgabe im Gefüge der Handlungsstränge und gruppieren sich um eine Maurersfrau, die aus unbefriedigtem Muttertrieb heraus zu kriminellen Handlungen getrieben wird und als »tragische Muse« agiert. Schwankhaft-komische und phantastisch-spukhafte Züge vermischen sich mit tragischen Elementen und sind Teile dieses letzten noch naturalistisch zu nennenden Stückes.

Uraufführungen
»Das Friedensfest«, 1. Juni 1890, Berlin (Freie Bühne). »Einsame Menschen«, 11. Januar 1891, Berlin (Freie Bühne). »Die Weber«, 26. Febr. 1893, Berlin (Freie Bühne). »Der Biberpelz«, 21. September 1893, Berlin (Dt. Theater). »Hannele«, 14. November 1893, Berlin (Kgl. Schauspielhaus). »Florian Geyer«, 4. Januar 1896, Berlin (Dt. Theater). »Fuhrmann Henschel«, 5. Nov. 1898, Berlin (Dt. Theater). »Der Rote Hahn«, 27. Nov. 1901, Berlin (Dt. Theater). »Rose Bernd«, 31. Okt. 1903, Berlin (Dt. Theater). »Die Ratten«, 13. Januar 1911, Berlin (Lessingtheater).

Erstdrucke
»Das Friedensfest«, 1890 (zuvor in FB, Jg. 1). »Einsame Menschen«, 1891 (zuvor in FB, Jg. 1 u. 2). »De Waber« u. »Die Weber«, 1892. »Der Biberpelz«, 1893. »Hannele Matterns Himmelfahrt«, 1893. »Hannele«, 1894. »Florian Geyer«, 1896. »Fuhrmann Henschel«, 1899. »Der Rote Hahn«, 1901. »Rose Bernd«, 1903. »Die Ratten«, 1911. – Sämtlich bei S. Fischer in Berlin erschienen.

Selbstzeugnisse
Bd. VII der Centenar-Ausg., 1962. Die Kunst des Dramas, zusammengestellt von M. Machatzke, 1963. Die großen Beichten, 1966. Italienische Reise 1897, Tagebuchaufzeichnungen, hrsg. von M. Machatzke, 1976. Notiz-Kalender 1889 bis 1891, hrsg. von M. Machatzke, 1982. Tagebuch 1892 bis 1894, hrsg. von Machatzke, 1985. Tagebücher 1897 bis 1905, hrsg. von M. Machatzke, 1987. Otto Brahm – G. H.: Briefwechsel 1889–1912, hrsg. von P. Sprengel, 1985.

Gesamtausgaben
Ges. Werke, 12 Bde., 1922. Das dramatische Werk, 6 Teile in 2 Bdn., 1932. Das ges. Werk (Ausg. letzter Hand), 17 Bde., 1942. Sämtl. Werke (Centenar-Ausg.), 11 Bde., hrsg. von H.-E. Hass, fortgeführt von M. Machatzke u. W. Bungies, 1962 ff., dazu: Die Centenar-Ausg. der sämtl. Werke G. H's. Ein editorischer Vorbericht, 1964.

Literatur

Im folgenden werden bibliogr. Arbeiten sowie einige für das naturalistische Dramenwerk Hauptmanns wichtige Untersuchungen aufgeführt. Detaillierte Literaturübersichten sind im G. H.-Band der Sammlung Metzler enthalten.

Steiger, Bd. 2, 1898, S. 1–172, 206–257.
Th. Fontane, Kritische Causerien über Theater, hrsg. von P. Schlenther, 1904, S. 300–313 (kritische Neuausgabe in 3 Bden durch K. Schreinert = Sämtl. Werke. Bd. 22, Tl. 1–3, 1964/67).
Arnold, 1908, S. 197–209.
Doell, 1910, passim.
Kerr, 1917, Bd. I, S. 69–118 et passim, Bd. II, S. 198–274.

W. Lang, Lenz und H., Diss. Frankfurt 1921.

F. Vollmers-Schulte, G. H. und die soziale Frage, 1923.

H. Rabl, Die dramatische Handlung in G. H's »Webern«, 1928.

W. Requardt, G. H.-Bibliogr., 1931.

Ders., G. H. Werke von ihm und über ihn in den Jahren 1922–1930, 1931.

V. Ludwig, G. H. Werke von ihm und über ihn (1881–1931), 1932 (2. Aufl. der 1922 erschienenen Bibliogr. von M. Pinkus u. V. L.).

Kauermann, 1933, S. 55–72.

C. F. W. Behl, G. H.-Bibliogr., in: G. H.-Jb., I (1936), S. 147–162, II (1937), S. 150–160.

Ders. und F. A. Voigt, Chronik von G. H's Leben und Schaffen, 1957.

Bleich, 1936, passim.

G. Taube, Die Rolle der Natur in G. H's Gegenwartswerken bis zum Anfang des 20. Jhs., 1936.

F. A. Voigt, H. Studien, Bd. I, 1936.

Thielmann, 1937, S. 29–65 et passim.

H. Barnstorff, Die soziale, politische und wirtschaftliche Zeitkritik im Werke G. H's, 1938.

H. J. Weigand, Auf den Spuren von H's »Florian Geyer«, in: PMLA, 57 (1942), S. 1160–1195, 58 (1943), S. 797–848.

W. A. Reichart, Fifty Years of H. Study in America (1894–1944): A Bibliogr., in: MH, Jg. 37 (1945), S. 1–31.

Ders., H. Study in America: A Continuation Bibliogr., in: MH, Jg. 54 (1962), S. 297–310.

Ders., Bibliogr. der gedruckten und ungedruckten Dissertationen über G. H. und sein Werk, in: Philobiblon, Jg. 11 (1967), S. 121–134.

Ders., G.-H.-Bibliogr., 1969.

R. Zander, Der junge G. H. und H. Ibsen, Diss. Frankfurt 1947.

S. D. Stirk, Aus frühen »Weber«-Kritiken, in: G. H.-Jb., 1948, Bd. I, S. 190–210.

Dosenheimer, 1949, S. 128–175.

H. J. Geerdts, G. H. »Die Weber«, Diss. Jena 1952.

E. Krause, G. H's frühe Dramen im Spiegel der Kritik, Diss. Erlangen 1952.

W. Emrich, Der Tragödientypus G. H's, in: DU, 5 (1953), Heft 5, S. 20–25.

H. H. Borcherdt, G. H. und seine Dramen, in: Dt. Literatur im 20. Jh., hrsg. v. H. Friedmann u. O. Mann, 1954, S. 381–404, ⁴1967.

H. F. Garten, G. H., Cambridge 1954.

P. Szondi, Theorie des modernen Dramas, 1956, S. 52–61 et passim.

P. Böckmann, Der Naturalismus G. H's in: Gestaltprobleme der Dichtung, G. Müller-Festschrift, 1957, S. 239–258.

K. S. Guthke, G. H. und die Kunstform der Tragikomödie, in: GRM, Jg. 7 (1957), S. 349–369.

Ders. und H. M. Wolff, Das Leid im Werke G. H's, 1958.

Ders., Probleme neuerer G. H.-Forschung, in: GGA, 214 (1960), S. 84–107.

Ders., G. H.: Weltbild im Werk, 1961, ²1980.

Ders., A. Kerr und G. H., in: MH, Jg. 54 (1962), S. 273–290.

Praschek, 1957, passim.

M. Sinden, G. H.: The Prose Plays, Toronto 1957.

K. May, Die Weber, in: Das dt. Drama vom Barock bis zur Gegenwart, hrsg. von B. v. Wiese, Bd. 2, 1958, S. 157–165.

H. J. Schrimpf, Rose Bernd, in: ebda., S. 166–185.

Ders., Struktur und Metaphysik des sozialen Schauspiels bei G. H., in: Literatur und Gesellschaft, B. v. Wiese-Festschrift, 1963, S. 274–308.

Ders., Das unerreichte Soziale: die Komödien G. H's »Der Biberpelz« und »Der rote Hahn«, in: Das deutsche Lustspiel, 2. Teil, hrsg. von H. Steffen, 1969, S. 25–60.

L. R. Shaw, Witness of Deceit: G. H. as Critic of Society, Berkeley 1958.

Ders., The Playwright and Historical Change, Madison 1970, S. 20–48.

Hamann u. Hermand, 1959, passim.

W. Rasch, Zur dramatischen Dichtung des jungen G. H., in: Festschrift für F. R. Schröder, 1919, S. 241–253, auch in: W. R., Zur dt. Literatur seit der Jahrhundertwende, 1967, S. 78–95.

W. Schulze, Aufbaufragen zu H's »Biberpelz«, in: WW, 10 (1960), S. 98–105.

J. Vandenrath, Der Aufbau des »Biberpelz«, in: RLV, 26 (1960), S. 210–237.

P. Berger, G. H's »Ratten«, 1961.

Brahm, 1961, S. 43–70 et passim.

W. Butzlaff, Die Enthüllungstechnik in H's »Rose Bernd«, in: DU, 13 (1961), Heft 4, S. 59–70.

F. W. J. Heuser, G. H.: Zu seinem Leben und Schaffen, 1961.

Mehring, 1961, S. 183–200 et passim.

Meixner, 1961, passim.

Soergel u. Hohoff, 1961, S. 148–205 et passim.

J. Chodera, Das Weltbild in den naturalistischen Dramen G. H's, Poznań 1962.

B. Fischer, G. H. und Erkner, in: ZfdPh., Bd. 81 (1962), S. 440–472.

E. Kirsch, Proletarier-Gestalten im Frühwerk G. H's, in: WZUH, Jg. 9 (1962), S. 1447–1460.

H. D. Tschörtner, G. H. Ein bibliogr. Beitrag zu seinem 100. Geb., 1962.

Ders., G. H.-Bibliogr., 1971. Nachtrag, 1976.

S. Weishappel, Der frühe H. im Spiegel der Theaterkritik, in: MuK, 8 (1962), S. 201–211.

B. Zeller (Hrsg)., G. H. Leben und Werk (Ausstellungskatalog), 1962.

R. Grimm, Strukturen, 1963, S. 14–22.

H. Schwab-Felisch, »Die Weber« – ein Spiegel des 19. Jhs., in: G. H., Die Weber, 1963, S. 73–113 (dazu die Dokumentation).

B. v. Wiese, Zwischen Utopie und Wirklichkeit, 1963, S. 193–231.

N. E. Alexander, Studien zum Stilwandel im dramatischen Werk G. H's, 1964.

Hauptmann Centenary Lectures, hrsg. von K. G. Knight und F. Norman, London 1964 (bes. J. W. McFarlance, S. 31–60).

H. Steffen, Figur und Vorgang im naturalistischen Drama G. H's, in: DVjs., Jg. 38 (1964), S. 424–449.

Ackermann, 1965, S. 5–29 et passim.

G. Kersten, G. H. und L. N. Tolstoi, 1966.

E. Mandel, G. H's »Weber« in Rußland, in: ZfSl., Jg. 12 (1967), S. 5–19.

Markwardt, 1967, passim.

H. Mayer, G. H., 1967.

Schley, 1967, passim.

Kl. Hildebrandt, G. H. und die Geschichte, 1968.

G. Kaiser, Die Tragikomödien G. H's, in: Festschrift für K. Ziegler, 1968, S. 269–289;

Münchow, 1968, S. 88–113.

J. Osborne, H's Later Naturalist Dramas. Suffering and Tragic Vision, in: MLR, 63 (1968), S. 628–635.

Ders., H's Family Tragedy »Das Friedensfest«, in: Forum for Modern Language Studies, IV (1968), S. 223–233.

Ders., The Naturalist Drama in Germany, Manchester 1971.

E. M. Batley, Functional Idealism in G. H's »Einsame Menschen«, in: GLL, 23 (1969/70), S. 243–254.

C. T. Z. Chung, Zur Problematik des Gesellschaftsbildes im Drama G. H's, Diss. Köln 1969.

E. Hilscher, G. H., 1969.

F. Martini, G. H's »Der Biberpelz«, Gedanken zum Bautypus einer naturalistischen Komödie, in: Wissenschaft als Dialog, hrsg. von R. von Heydebrand und K. G. Just, 1969, S. 83–111.

O. Seidlin, Urmythos irgendwo um Berlin. Zu G. H's Doppeldrama der Mutter Wolffen, in: DVjs., Jg. 43 (1969), S. 126–146.

H. Daiber, G. H. oder der letzte Klassiker, 1971.

Cowen, 1973.

K. Gafert, Die soziale Frage in Literatur und Kunst des 19. Jahrhunderts. Ästhetische Politisierung des Weberstoffes, 1973.

Brauneck, 1974, S. 50–86 et passim.

S. Hoefert, G. H., 1974, ²1982.

D. E. Jenkinson, Satirical Elements in H's »Einsame Menschen«, in: NGS, 2 (1974), S. 145–156.

K. Müller-Salget, Dramaturgie der Parteilosigkeit. Zum Naturalismus G. H's, in: Scheuer, 1974, S. 48–67.

Schmidt, 1974, S. 148–170.

G. Fischer, Der Naturalismus auf der Bühne des epischen Theaters: Zu Brechts Bearbeitung von H's »Der Biberpelz« und »Der rote Hahn«, in: MH, 67 (1975), S. 224–236.

Mahal, 1975, S. 214–234 et passim.

W. Mauser, G. H's »Biberpelz«: Eine Komödie der Opposition?, in: MGS, 1 (1975), S. 215–233.

J. Hintze, Der Raum im naturalistischen Drama, in: Beiträge zur Poetik des Dramas, hrsg. von W. Keller, 1976, S. 30–38.

Der Manuskriptnachlaß G. H's, Tl. 1, hrsg. von R. Ziesche, 1977, Tl. 2: 1987.

Ders., Vorläufiges Register zum Manuskriptnachlaß G. H's, 1987.

W. A. Coupe, An Ambiguous Hero: In Defence of Alfred Loth, in: GLL, 31 (1977/78), S. 13–22.

W. Bellmann, G. H.: Der Biberpelz. Erl. u. Dokumente, 1978.

Ders., G. H.: Die Ratten. Erl. u. Dokumente, 1990.

G.-M. Schulz, G. H's »Florian Geyer«: Historisches Drama im Naturalismus, in: Literatur und Theater im Wilhelminischen Zeitalter, hrsg. von H.-P. Bayerdörfer, 1978, S. 183–216.

Ch. W. Quatt, The Interrelationship of Mimetic Action and Dialogue in the Early Naturalistic Dramas of G. H., Ph. D. Diss. Harvard Univ. 1979.

S. Schroeder, Anna Mahr in G. H's »Einsame Menschen« – the Emancipated Woman Re-examined«, in: GR, 54 (1979), S. 125–130.

C. B. Skinner, The Texts of H's »Ratten«, in: MPh, 77 (1979), S. 163–171.

S. Wölfl, G. H's »Die Weber«: Untersuchungen zur Rezeption eines »naturalistischen« Dramas, Diss. München 1979.

R. C. Cowen, Hauptmann-Kommentar zum dramatischen Werk, 1980.

W. Requardt u. M. Machatzke, G. H. und Erkner: Studien zum Berliner Frühwerk, 1980.

I. Ruttmann, Zwischen Distanz und Identifikation: Beobachtungen zur Wirkungsweise von G. H's »Der Biberpelz« und »Der rote Hahn«, in: GRM, 30 (1980), S. 49–72.

G. H's »Weber«: Eine Dokumentation, hrsg. von H. Praschek, 1981.

B. Holbeche, Naturalist Set and Social Conflict in H's »Die Weber«, in: AUMLA, Nr. 56, 1981, S. 183–190.

L. Kronenberg, »Die Weber«, in: Deutsche Dramen, Bd. 2, hrsg. von H. Müller-Michaels, 1981, S. 3–23.

P. Mellen, G. H's »Vor Sonnenaufgang« and the Parable of the Sower, in: MH, 74 (1982), S. 139–144.

W. H. Rey, Der offene Schluß der »Weber«: Zur Aktualität G. H's in unserer Zeit, in: GQ, 55 (1982), S. 141–163.

G. Schneilin, Zur Entwicklung des Tragikomischen in der Berliner Dramaturgie: G. H's »Ratten« und Sternheims »Bürger Schippel«, in: Revue d'Allemagne, 14 (1982), S. 297–312.

B. Schumann, Untersuchungen zur Inszenierungs- und Wirkungsgeschichte von G. H's Schauspiel »Die Weber«, Diss. Köln 1982.

Kl. Hildebrandt, Naturalistische Dramen G. H's, 1983.

Ders. G. H. 1980–1984: Neue Publikationen, in: Schlesien, III/1985, S. 156–177.

Ders., G. H. 1985–1989: Neue Veröffentlichungen, in: Schlesien, I/1990, S. 33–49.

E. Hilscher, Neues von und über G. H., in: WB, 29 (1983), S. 1294–1305.

Ders., G. H.: Leben und Werk, 1987 u. 1988.

B. Stuhlmacher, »Vom Teil zur Einheit des Ganzen...«: H's »Ratten«, in: ZfG, 1/1983, S. 5–24.

R. Bernhardt, G. H's »Vor Sonnenaufgang«, in: WB, 30 (1984), S. 971–987.

P. Sprengel, G. H.: Epoche-Werk-Wirkung, 1984.

E. W. B. Hess-Lüttich, Soziale Interaktion und literarischer Dialog. II: H's »Ratten«, 1985.

R. Mittler, Theorie und Praxis des sozialen Dramas bei G. H., 1985.

S. Hoefert, Internationale Bibliographie zum Werk G. H's, Bd. I u. II, 1986 u. 1989.

Ders., G. H.: Nachträge zur Internationalen Bibliographie, in: Schlesien, I/1990, S. 50–57.

W. Leppmann, G. H., 1986.

H. Scheuer, G. H.: Der Biberpelz, 1986.

G. Oberembt, G. H.: Der Biberpelz, 1987.

Interpretationen, 1988 (W. Bellmann, P. Sprengel, W. Trautwein).

J. Osborne, G. H's »Vor Sonnenaufgang«: Zwischen Tradition und Moderne, in: DU, 40 (1988), S. 77–88.

M. Pagenkopf, Das Preußische OVG und H's »Weber«, 1988.

W. Rothe, Deutsche Revolutionsdramatik seit Goethe, 1989, S. 103–121, 227–281.

H. Stroszeck, »Sie haben furchtbar, furchtbar gefehlt«. Verschweigung und Problemstruktur in H's »Das Friedensfest«, in: Euph., 84 (1990), S. 237–268.

R. Whitinger, G. H's »Vor Sonnenaufgang«: On Alcohol and Poetry in German Naturalist Drama, in: GQ, 63 (1990), S. 83–91.

Ders., G. H's Metadramatic Use of »Das Blutgericht« in »Die Weber« and Its Relationship to Heine and Brecht, in: GR, 66 (1991), S. 141–147.

H. Scheuer, G. H's »Das Friedensfest«. Zum Familiendrama im deutschen Naturalismus, in: Leroy/Pastor, 1991, S. 399–416.

W. R. Maurer, Understanding G. H., Columbia 1992.

B. A. Sørensen, Laura Marholm, Fr. Nietzsche und H's »Einsame Menschen«, in: OL, 47 (1992), S. 52–62.

Das naturalistische Dramenwerk von *Arno Holz* (1863–1929) und *Johannes Schlaf* (1862–1941) nimmt sich neben dem Hauptmanns etwas armselig aus, doch schrieben sie einige Stücke, die zu den Spitzenleistungen des Naturalismus gehören. Das gilt vor allem für die von der Forschung viel beachtete »Familie Selicke«, die 1890 vom Verein »Freie Bühne« aufgeführt wurde. Die veristische Ausgestaltung des Dialogs und die Fülle der Einzelheiten aus dem Alltag einer ärmlichen Familie beeindruckten Fontane derart, daß er dieses Werk als »eigentliches Neuland« pries, im Gegensatz zu anderen Dramen, die von der ›Freien Bühne‹ bereits aufgeführt worden waren. Die Handlung ist in der »Familie Selicke« auf ein Minimum reduziert: Holz und Schlaf lenken den Blick auf eine zerrüttete Ehe und beleuchten einige Vorgänge, die mit dem Nachhausekommen des betrunkenen Vaters und dem Tod der jüngsten Tochter ihren Höhepunkt erreichen; danach klingt das Drama mit dem Verzicht der älteren Tochter auf ihr Glück aus. Es ist reinste Zustandsschilderung, aber sie ist derart lebensnah, daß dieses Werk als Paradebeispiel des konsequenten Naturalismus Geltung erlangt hat. In den Nachkriegsjahren hat W. Kayser jedoch darauf hingewiesen, daß die künstlerische Gestaltung selbst der »Familie Selicke« die Anwendbarkeit der mit dieser extremen Form des Naturalismus verbundenen Theorie in Frage stelle; das ließe sich an der Menschendarstellung, der Sprach- und Handlungsführung erkennen, auch beruhe die Wirkung des Dramas nicht auf der unbeeinträchtigten Wirklichkeitswiedergabe, sondern der »Stimmungskraft des Rührenden« (S. 226). F. Martini hat darauf verwiesen, daß Holz und Schlaf nicht so radikal, wie sie vermeinten, von der dramatischen Tradition Abstand genommen haben, sondern daß in der »Familie Selicke« vieles darauf zurückdeute, insbesondere auf die Tradition des bürgerlichen Trauer- und Rührspiels. In der Tatsache, daß in diesem Werk die Stimmung und das Atmosphärische als effektive Ausdrucksmittel gebraucht werden, liege »vielleicht die bedeutendste Dimensionserweiterung der dramatisch-szenischen Gestaltungselemente« (S. 77), die sie herausgebildet haben.

Einige Zeit danach trennten sich Holz und Schlaf und folgten fortan eigenen Wegen. *Holz* trug sich mit der Absicht, einen großangelegten Dramenzyklus (»Berlin. Das Ende einer Zeit in Dramen«) zu schreiben, Mit der Komödie »Sozialaristokraten« (1896) wurde dieser Zyklus eröffnet. In diesem Stück wird das Treiben einer Gruppe von Literaten aus dem Friedrichshagener Kreis dargestellt; einige Angehörige dieses Kreises werden in karikierender Weise auf die Bühne gestellt, derart jedoch, daß die Urbilder erkennbar bleiben; im Mittelpunkt der Geschehnisse steht ein Dichterjüngling (Selbstkarikatur des Autors), der von den anderen solange geschröpft wird, bis sein Geldbeutel leer ist. Eng verbunden mit diesen Vorgängen ist die Satire auf das politische Leben der Friedrichshagener. Sprachlich bewegt sich Holz auf derselben Höhe wie in der »Familie Selicke«. Die Umgangssprache wird konsequent verwendet, jedoch wird sie der satirischen Intention entsprechend gehandhabt.

Die anderen Dramen des Zyklus' (noch zwei kamen zum Abschluß) sind für die Geschichte des Naturalismus nicht wichtig, und auch die Schülertragödie »Traumulus« (1904), die in Zusammenarbeit mit *Oskar Jerschke* (1861–1918) entstand, fällt nicht sehr ins Gewicht. Es geht in diesem Werk um das Geschick eines Gymnasialprofessors und seines Lieblingsschülers. Der Ausgang ist tragisch. Wenn wir von der Lehrer-Schüler-Thematik absehen, die mit dem Motiv der verbotenen Liebe verbrämt ist, mutet das Stück nicht sonderlich naturalistisch an, zumal die Autoren vielfach mit konventionellen Mittel zu Werke gingen.

Johannes Schlaf veröffentlichte 1892 den »Meister Oelze«. Das Werk liegt in zwei Fassungen vor. Es galt einst als das »umstrittenste Drama des Naturalismus« (A. Soergel) und gilt noch heute als der »Gipfel des konsequent naturalistischen Dramas« (A. Müller). Die Erstfassung des »Meister Oelze« ist das einzige wirkliche naturalistische Stück des Autors, in thematischer Hinsicht wie in bezug auf die Gestaltungsweise. In thüringisch-sächsischer Dialektfärbung gehalten, zeigt es den Kampf eines zum Mörder gewordenen Handwerkers, dessen Stiefschwester ihm ein Geständnis entlocken will; zwar gelingt es ihr, ihn seelisch zu erschüttern, doch bleiben ihre Bemühungen erfolglos. Die lebensechte Wiedergabe dieses Ringens, die präzise Zeichnung des Milieus und der Charaktere sind durchaus naturalistisch, doch geht es in den Dialogen um das Enthüllen innerer Vorgänge. Nicht das in der Sprache zum Ausdruck Gebrachte, sondern das, was im Wort mitschwingt, das Unausgesprochene, steht im Mittelpunkt des Interesses. Schlaf entfernt sich hier von den Forderungen der naturalistischen Sprachgestaltung, und diese Tendenz zeigt auch den Weg an, den er als Dramatiker fürderhin beschreiten sollte: weg vom Naturalismus zu einer immer stärker ins Psychische gehenden Eindruckskunst. Schlaf selbst gab dieser Tendenz einen Namen; er sprach vom »Intimen Drama« und unterstrich, daß der »eigentliche und bedeutungsvollste Schauplatz des Dramas gleichsam eine vierte Dimension« (in »Neuland«, 1897) sei. Das folgende Bühnenwerk Schlafs, das Ehestück »Gertrud« (1898), läßt uns das naturalistische Erbteil des Autors noch erkennen, doch haben die darauffolgenden Dramen kaum noch etwas damit zu schaffen. Als dann später, 1909, die zweite Fassung des »Meister Oelze« erschien, waren selbst darin viele Stileigentümlichkeiten des Naturalismus abgeändert oder beseitigt worden (s. dazu H. Praschek).

Uraufführungen
»Die Familie Selicke« (H. u. S.), 7. April 1890, Berlin (Freie Bühne). »Meister Oelze«, (S.), 4. Februar 1894, Berlin (Neue Freie Volksbühne). »Sozialaristokraten« (H.), 15. Juni 1897, Berlin (Central-Theater). »Gertrud« (S.), 24. April 1898, Berlin (Residenztheater). »Traumulus«, (H. u. J.), 24. Sept. 1904, Berlin (Lessingtheater).

Erstdrucke
»Die Familie Selicke« (H. u. S.). Berlin: Schuhr 1890. »Meister Oelze« (S.). Berlin: F. Fontane & Co. 1892 (zweite Fassung. München: R. Piper & Co. 1908). »Sozialaristokraten« (H.), Rudolfstadt: Mänicke & Jahn 1896. »Gertrud« (S.) Berlin: Sassenbach 1898 (zuvor in der Monatsschrift ›Neuland‹ unter dem Titel »Der Gast«, 1897). »Traumulus« (H. u. J.). München: R. Piper & Co. 1904.

Selbstzeugnisse
Holz: J.S.: Ein notgedrungenes Kapitel, 1902. Briefe, hrsg. von Anita Holz und M. Wagner (Einführung von H. H. Borcherdt), 1948. – *Schlaf:* Selbstbiographisches, in: Ges., Jg. 13 (1897), S. 166–267. Autobiographische Skizze, in: LE, Jg. 4 (1901/02), Sp. 1388–1391. A. H. und ich, in: LE, Jg. 4 (1901/02), Sp. 1621–1624. Noch einmal »A. H. und ich«, 1902. Mentale Suggestion. Ein letztes Wort in meiner Streitsache mit A. H., 1905. Diagnose und Faksimile. Notgedrungene Berichtigung eines neuen, von A. H. gegen mich gerichteten Angriffs, 1906. Aus meinem Leben, 1941. Die Akte J.S., hrsg. von L. Bäte, 1966.

Gesamt- und Sammelausgaben
Holz: Deutsche Bühnenspiele (mit O. Jerschke), 1922. Das Werk, Einführung von H. W. Fischer, 10 Bde., 1924/25: Das Werk (Monumentalausg.), Einführung von H. W. Fischer, 12 Bde., 1926. Werke, hrsg. von W. Emrich und Anita Holz, 7 Bde., 1961/64.

Literatur

Kirchner, 1893, S. 194–196, 200–201.
M. Harden, Berlin von H., in: Zk., Bd. 19 (1897), S. 610–616.
A. Moeller-Bruck, J. S., in: Ges., Jg. 13 (1897), S. 154–165.
M. Kriele, J. S's Drama »Gertrud«, in: Ges., Jg. 14 (1898), S. 832–837.
Steiger, Bd. 2, 1898, S. 277–281.
Hanstein, 1900, S. 146–159 et passim.
H. Benzmann, J. S., in: NuS, Bd. 97 (1901), S. 198–213.
St. Zweig, J. S., in LE, Jg. 4 (1901/02), Sp. 1377–1388.
K. H. Strobl, A. H. und die jüngstdeutsche Bewegung, 1902.
R. Schaukal, A. H., in: LE, Jg. 5 (1902/03), Sp. 881–887.
Th. Fontane, Kritische Causerien über Theater, 1904, S. 313–316 (Neuausgabe s. o. S. 33).
S. Lublinski, Die Bilanz der Moderne, 1904, passim.
Ders., H. und S. Ein zweifelhaftes Kapitel Literaturgeschichte, 1905.
Benoist-Hanappier, 1905, passim.
H. Hart, Ges. Werke, Bd. 4, 1907, S. 326–328.
Arnold, 1908, S. 193–198 et passim.
Stern, 1909, S. 387–394.
Doell, 1910, S. 51–53 et passim.
O. E. Lessing, Die neue Form. Ein Beitrag zum Verständnis des deutschen Naturalismus, 1910, passim.
Soergel, 1911, passim.
R. Reß, A. H. und seine künstlerische, weltkulturelle Bedeutung, 1913.
Kerr, 1917, Bd. III, S. 146–152.
K. Meyer-Rotermund, Der Naturalist, in: Das. J. S.-Buch, hrsg. von L. Bate, K. M.-R., R. Borch, 1922, S. 33–42.
E. Sander, J. S. und das naturalistische Drama, Diss. Rostock 1922.
J. Weist, A. H. und sein Einfluß auf das deutsche Drama, Diss. Rostock 1922.
Naumann, 1923, S. 52–59.
H. W. Fischer, A. H. Eine Einführung in sein Werk, 1924.
Bab, 1925, S. 684–687 et passim.
O. Schär, A. H. Seine dramatische Technik, 1926.
W. Schurmann, Das Werk von A. H., in: Kw., Jg. 39 (1926), Heft 6, S. 343–353.
H. L. Stoltenberg, A. H. und die deutsche Sprachkunst, in: ZfÄ, Bd. 20 (1926), S. 156–180.
Ders., A. H. Sein Kreis und sein Werk, in: NGHG, Bd. 7 (1930), S. 8–19.
Guntrum, 1928, S. 34–35.
Maleczek, 1928, S. 31–35 et passim.
J. Nadler, A. H., in: DBJb., Bd. XI (1929), S. 132–140.

F. Servaes, A. H. als Dramatiker, in: Das deutsche Drama, Jg. 2 (1930), S. 28–37.

Brandt, 1932, S. 25–27.

L. Bäte und K. Meyer-Rotermund (Hrsg.), J. S. Leben und Werk, 1933.

W. Milch, A. H., 1933.

D. Dibelius, Die Exposition im deutschen naturalistischen Drama, Diss. Heidelberg 1935, passim.

K. Turley, A. H., 1935.

Bleich, 1936, S. 49–50 et passim.

W. Linden, Naturalismus, 1936, S. 11–17.

Thielmann, 1937, S. 24–29.

Fechter, 1938, S. 9–19.

M. Gravier, Strindberg et le théâtre moderne: I. L'Allemagne, Lyon u. Paris 1949, S. 59–66 et passim.

J. W. McFarlane, A. H's »Die Sozialaristokraten«, in: MLR, 44 (1949), S. 521–533.

Boulby, 1951, passim.

P. Schroeder, A. H. Die Kunst and the Problem of »Isms«, in: MLN, 66 (1951), S. 217–224.

H. Motekat, A. H. Persönlichkeit und Werk, 1953.

F. G. Cohen, Social and Political Concepts in the Works of A. H., Ph. D. Diss. Univ. of Iowa 1955.

Correns, 1956.

Praschek, 1957, passim.

Ders., Zum Zerfall des naturalistischen Stils. Ein Vergleich zweier Fassungen des »Meister Oelze« von J. S., in: Worte und Werte, B. Markwardt zum 60. Geb., hrsg. von G. Erdmann und A. Eichstaedt, 1961, S. 315–321.

W. Kayser, Die Vortragsreise, 1958, S. 215–227.

W. Emrich, Protest und Verheißung, 1960, S. 155–168.

Ders., A. H. Sein dichterisches Experiment, in: NDH, Heft 94, 1963, S. 43–58.

K. S. Guthke, Geschichte und Poetik der deutschen Tragikomödie, 1961, S. 248–251 et passim.

Mehring, 1961, S. 230–243 et passim.

Meixner, 1961, passim.

A. Müller und H. Schlien (Hrsg.), Dramen des Naturalismus, 1962, passim.

A. Döblin, Aufsätze zur Literatur, 1963, S. 133–163.

Brahm, 1964, S. 302–305, 332–337.

Ackermann, 1965, passim.

W. Beimdick, A. H.: »Berlin. Die Wende einer Zeit in Dramen«, Untersuchungen zu den Werken des Zyklusfragments, Diss. Münster 1965.

G. Bevilacqua, Studi di letteratura tedesca, Padova 1965, S. 115–169.

D. Schickling, Interpretation und Studien zur Entwicklung und geistesgeschichtlichen Stellung des Werkes von A. H., Diss. Tübingen 1965.

C. Spitteler, Kritische Schriften, 1965, S. 270–280.

F. Martini, Nachwort zu: A. H. und J. S. »Die Familie Selicke« (RUB), 1966.

S. Berthold, Der sogenannte »konsequente Naturalismus von A. H. und J. S., Diss. Bonn 1967.

Markwardt, 1967, passim.

Schley, 1967, S. 68–72.

G. Schulz, Nachwort zu J. S., »Meister Oelze« (RUB), 1967.

Ders., A. H. Dilemma eines bürgerlichen Dichterlebens, 1974.

Münchow, 1968, S. 50–53.

D. Turner, »Die Familie Selicke« and the Drama of Naturalism, in: Periods in German Literature, II, hrsg. von J. M. Ritchie, London 1969, S. 191–219.

M. Kesting, Entdeckung und Destruktion, 1970, S. 172–188.

H. Scheuer, A. H. im literarischen Leben des ausgehenden 19. Jahrhunderts (1883–1896), 1971.

Cowen, 1973.

G. Mattenklott und K. R. Scherpe, Positionen der literarischen Intelligenz zwischen bürgerlicher Reaktion und Imperialismus, 1973, S. 121–178.

Mahal, 1975, S. 169 ff. et passim.

H.-G. Brands, Theorie und Stil des sogenannten »Konsequenten Naturalismus« von A. H. und J. S., 1978.

D. Kafitz, Struktur und Menschenbild naturalistischer Dramatik, in: ZfdPh, 97 (1978), S. 225–255.

H. Möbius, Der Positivismus in der Literatur des Naturalismus, 1980.

K. R. Scherpe, Die Literaturrevolution der Naturalisten: Der Fall. A. H., in: K. R. S., Poesie der Demokratie, 1980, S. 177–226.

M. Hechler, Die soziologische Dimension der Kunsttheorie von A. H., 1981.

K. Müller-Salget, Autorität und Familie im naturalistischen Drama, in: ZfdPh, 103 (1984), S. 502–519.

W. H. Pott, Literarische Produktivität: Untersuchungen zum ästhetischen Verfahren bei A. H., A. Döblin, B. Brecht und A. Kluge, 1984.

Interpretationen, 1988 (H. Scheuer).

R. Whitinger, Art Works and Artistic Activity in Holz/Schlaf's »Die Familie Selicke«, in: MGS, 14 (1988) [1990], S. 139–150.

H. Stroszeck, Das scheinbare Drüberhin und Daranvorbei des Dialogs: J. S's »Meister Oelze«, in: Leroy/Pastor, 1991, S. 417–451.

Zu den Hauptvertretern des naturalistischen Dramas kann man noch Max Halbe, Georg Hirschfeld und, mit Vorbehalt, Hermann Sudermann zählen. Die Forschung hat sich eigentlich nur mit dem naturalistischen Dramenwerk *Halbes* eingehend beschäftigt, auch in der Nachkriegszeit. Neben den Dissertationen von E. Silzer und S. Hoefert, die sich insonderheit mit dem Naturalismus im Werk dieses Dichters beschäftigen und betonen, daß er sich fast ständig auf der Flucht vor dieser Literaturdoktrin befand (Silzer) bzw. schon früh Tendenzen huldigte, die sich mit anderen literarischen Strömungen identifizieren lassen (Hoefert), ist hier H. Prascheks Arbeit hervorzuheben, und zwar weil darin das Verhältnis von naturalistischer Theorie und Praxis auch anhand einiger Dramen Halbes und Hirschfelds beleuchtet wird. Praschek gelangt zu dem Schluß, daß in den Werken dieser Dramatiker die Forderungen der naturalistischen Literaturprogrammatik nicht konsequent verwirklicht wurden. Während über *Hirschfelds* dramatisches Schaffen nur eine Sonderuntersuchung neueren Datums vorliegt (R. Stiglitz) – in der unterstrichen wird, daß er vom Naturalismus abwich und anderen literarischen Moden Tribut zollte –, hat *Sudermanns* Werk auch in den letzten Jahren mehrmals Beachtung gefunden. Es wird jedoch zumeist in anderen Zusammenhängen betrachtet, selten in Hinsicht auf sein Wirken als naturalistischer Dramatiker. Hier und da finden sich aufschlußreiche Bemerkungen, vor allem bei B. Markwardt und R. H. Mathers und in dem von W. T. Rix herausgegebenen Sammelband über Sudermanns Werk und Wirkung.

Max Halbe (1865–1944) gilt seit der »Freien Liebe« (1890) als vollgültiger naturalistischer Dramatiker. In diesen »Szenen junger Leute von 1890«, wie der Autor sein Stück nannte, schuf er ein Werk, wie es der konsequente Naturalismus verlangte. Die soziale Frage, die Kritik an den »Stützen der Gesellschaft«, die These der freien Liebe und andere die Zeit bewegende Ideen werden hier widergespiegelt. Auch ist die Sprachgestaltung dermaßen im Einklang mit der von Holz und Schlaf verkündeten Theorie, daß dieses Stück gewöhnlich mit der »Familie Selicke« als eminentes Beispiel des naturalistischen Zustandsdramas zitiert wird. Bezeichnend ist auch die Feststellung Alfred Kerrs, derzufolge Halbe hier »die Liebe selbst verselickigt« (S. 174) hat.

Der erste beachtliche Erfolg des westpreußischen Dichters war das weitgehend im Dialekt geschriebene Drama »Eisgang«, mit dem er »gewissermaßen das Vorspiel zu den »Webern« (A. Müller) gab. Von der ›Freien Volksbühne‹, zu deren Vorstand Halbe einige Zeit gehörte, wurde es 1892 aufgeführt. Da die Ideen des Sozialismus jener Tage dem Stück Farbe gaben, ist es in Ostberliner Veröffentlichungen besonders hervorgehoben worden. Es wird zu den »wenigen gehaltvollen Beispielen der sozialistischen Literatur« (Hamann/Hermand) jener Zeit gezählt, und mit Bezug auf den Ausgang des Dramas wird vom »Ausbruch der sozialistischen Revolution« (ebda.) gesprochen. Von einer solchen Revolution kann jedoch schwerlich die Rede sein. Die Gefahr einer möglichen Rebellion widerspiegelt sich lediglich im Naturvorgang; der »Eisgang« ist eine symbolische Vorwegnahme des Untergangs der alten Ordnung und des Aufkommens neuer umwälzender Bewegungen. In den 80er Jahren hat sich J. Kalcher intensiv mit diesem Drama befaßt. Er unterstreicht, daß darin die Sentimentalität triumphiert und daß somit der Darstellung der sozialen Frage die »historisch-soziale Brisanz, ja Relevanz« (S. 121) entzogen werde.

Das Werk Halbes aber, das ihn zu den Höhen unbestrittenen

Ruhms emporheben und dem keines seiner weiteren Stücke an Wirkung gleichkommen sollte, war das Liebesdrama »Jugend« (1893). Wie in Wedekinds »Frühlings Erwachen«, doch weit poetischer, wird hier die verhängnisvolle Begegnung zweier junger Menschen gestaltet, die auf einem Pfarrhof in Westpreußen dem Wirken erster Liebe und des Frühlings überlassen sind. Sie steigern sich in einen Rausch sinnlicher Liebe hinein und sind bereit, die Konsequenzen ihres Tuns auf sich zu nehmen; doch erscheint gegen Ende des Dramas der Stiefbruder des Mädchens, um den Eindringling niederzuschießen. Seine Kugel trifft die Schwester. Es war der abrupte Schluß des Stückes, den die Kritiker nicht verwinden konnten. Das augenscheinlich Zufällige dieses Abschlusses wurde als Verstoß gegen die Regeln der dramatischen Kunst empfunden und als solcher verurteilt. Die Wirkung des Stückes wurde jedoch dadurch nicht beeinträchtigt.

Bisweilen wird in den Bemerkungen über dieses Drama der deutsch-polnische Gegensatz unterstrichen; aber die Verschiedenheit der Nationalitäten beeinflußt die Entwicklung des Geschehens oder den tragischen Ausgang des Dramas nicht. Die Katastrophe steht in »Jugend« unter dem Aspekt des naturalistischen Schicksalkonzepts, d. h. Vererbung und Milieu werden als schicksalbestimmende Faktoren gezeigt. Ganz im Sinne des Naturalismus wird in dem Drama auch eine Fülle von Einzelheiten gegeben und die Umwelt genau nachgezeichnet. Dennoch werden die Grenzen des Naturalismus bereits überschritten, und zwar, wie in fast jeder Arbeit über Halbe festgestellt wird, durch den volksliedhaften Ton und die lyrische Stimmungskunst, die diesem Werk das besondere Gepräge geben und auch das Geheimnis des außerordentlichen Erfolgs, der diesem Drama beschieden war, bis zu einem gewissen Grad erklären.

Die eigentliche Abkehr vom Naturalismus erfolgte mit dem »Amerikafahrer« (1894), einem in Knittelreimen geschriebenen Scherzspiel, das schon als solches die Distanz, die der Autor gegenüber der naturalistischen Theorie gewonnen hatte, veranschaulicht. War die darauffolgende Komödie »Lebenswende« (1896) ein schwacher Versuch, einige Probleme, die sich an der Grenze zweier Lebensalter für den Dichter ergeben hatten, künstlerisch darzustellen, so bestätigte das Drama »Mutter Erde« (1897) die Lossagung vom Naturalismus. Die Voraussetzung des dargestellten Geschehens ist eine an »Einsame Menschen« gemahnende Situation; der Mann ist mit einer Frauenrechtlerin in die Stadt gezogen, hat dort ganz ihrer Sache gelebt, muß jedoch bei seiner Rückkehr in die Heimat feststellen, daß dies ein Selbstbetrug war; zwischen zwei Frauen gestellt, entscheidet er sich für die Jugendgeliebte und sucht mit ihr den Tod. Vielerlei Einflüsse machen sich in diesem Drama geltend: Naturalistisches, Theatermäßiges und Poetisches werden zu einem stimmungsvollen Ganzen verwoben, das bereits seinerzeit als »eine Abrechnung im Großen mit dem, was man zuweilen das Moderne nennt,« (L. Berg) gedeutet und später als das »erste vernehmliche Nein gegen die verkleideten Walküren Ibsens« (P. Fechter) erkannt worden ist. Bedauerlich ist, daß das Manuskript der Neufassung aus dem Jahre 1941, die in einer lebensbejahenden Schlußwendung gipfelt, nicht aufzufinden ist. Ein Vergleich der beiden Fassungen wäre aufschlußreich. In den Nachkriegsjahren ist der Einfluß, den Strindberg auf dieses Drama ausübte, etwas überbetont worden (s. M. Gravier). Wohl erinnert eine der Hauptpersonen an die Frauengestalten des schwedischen Dramatikers, aber es gibt eine ganze Reihe anderer Personen, die von solcher Eigenart sind, daß der Gedanke an Strindberg nicht breiten Raum gewinnen sollte. Ähnlich ist es mit den Situationen und dramatischen Effekten.

In der Folgezeit wurde Halbe ein eigenwilliger Einzelgänger, der sich zu keiner literarischen Schule bekannte. Für den Naturalismus ist neben dem Drama »Die Heimatlosen« (1899), einer Auseinandersetzung mit Nietzsches Übermenschentum, eigentlich nur noch »Das tausendjährige Reich« (1900) von Bedeutung, und zwar weil hier das tragische Schicksal des Gründers einer Chiliastengemeinde gestaltet wird und ein Nachhall von den »Webern« wahrzunehmen ist. An Hauptmanns Webertragödie reicht diese Bühnendichtung nicht heran, doch bewahrt sie, im Gegensatz zu einigen anderen Dramen, die im Zeichen der »Weber«-Nachfolge stehen, ihre künstlerische Selbständigkeit. Ein ferner Widerhall von Halbes »Eisgang« ist in dem Drama »Der Strom« (1904) zu vernehmen, doch mit naturalistischer Darstellungsintention läßt sich dieses Werk kaum verbinden. Es sei jedoch vermerkt, daß es in einer der vorliegenden Interpretationen in die Nähe des Naturalismus gerückt wird (vgl. J. Kolkenbrock-Netz). Der Autorin geht es jedoch vor allem um das sich darin bekundende »Spannungsverhältnis von Moderne und Antimoderne.«

Uraufführungen
»Eisgang«, 7. Febr. 1892, Berlin (Freie Volksbühne). »Jugend«, 23. April 1893, Berlin (Residenztheater). »Lebenswende«, 21. Januar 1896, Berlin (Dt. Theater). »Mutter Erde«, 18. Sept. 1897, Berlin (Dt. Theater). »Die Heimatlosen«, 21. Febr. 1899, Berlin (Lessingtheater). »Das tausendjährige Reich«, 28. Dez. 1899, München (Residenztheater).

Erstdrucke
»Freie Liebe«. Guben: Krollmann 1890. »Eisgang«. Berlin: S. Fischer 1892 (auch in FB, Jg. 3). »Jugend«. Ebda. 1893 (auch in FB, Jg. 4). »Lebenswende«.

Dresden: Pierson 1896. »Mutter Erde«, Berlin: Bondi 1897. »Die Heimatlosen«. Ebda. 1899. »Das tausendjährige Reich«. Ebda. 1900.

Selbstzeugnisse
»Scholle und Schicksal, Geschichte meiner Jugend«, 1933 (überarbeitete Ausg., 1940): »Jahrhundertwende, Geschichte meines Lebens 1893–1914«, 1935. »Umrisse meines Lebenslaufes«, in: H. Kindermann, M. H. und der deutsche Osten, 1941, S. 7–13. »Um ›Jugend‹ und ›Strom‹. Aus Briefen M. H.'s«, zusammengestellt von H. Günther, in: M. H. zum 100. Geb., hrsg. von der Stadtbibl. München, 1965, S. 49–67.

Gesamt- und Sammelausgaben
Ges. Werke, 7 Bde., 1917/23. Sämtl. Werke, 14 Bde., 1945.

Literatur

L. Andreas-Salomé, Ein Frühlingsdrama, in: FB, Jg. 4 (1893), 1. Halbbd., S. 572–577.
H. Merian, M. H's Dramen, in: Ges., Jg. 10 (1894), S. 758–770.
Litzmann, 1896, S. 229–232.
L. Berg, M. H's Mutter Erde, in: Die Umschau, Jg. 1 (1897), Nr. 41, S. 725–728.
R. Steiner, M. H., in: MfL, Jg. 66 (1897), Sp. 1167–1170.
Ders., Das tausendjährige Reich, in: MfL, Jg. 69 (1900), Sp. 265–269.
W. Hegeler, M. H., in: LE, Jg. 1 (1898/99), S. 212–217.
F. Spielhagen, Neue Beiträge zur Theorie und Technik der Epik und Dramatik, 1898, S. 255–262.
Steiger, Bd. 2, 1898, S. 281–285.
J. Glaser, M. I I., in: NuS, Bd. 89 (1899), S. 60–73.
Gottschall, 1900, S. 85–89.
Hanstein, 1900, S. 285–287 et passim.
M. Harden, Das tausendjährige Reich, in: Zk., Bd. 30 (1900), S. 398–408.
E. Uhland, M. H. und sein Drama »Mutter Erde«, in: Revue de L'enseignement des langues vivantes, Jg. 17 (1900), Nr. 2, S. 71–73.
Stauf v. d. March, Jugend, in: Neue Bahnen, 1901, Heft 3, S. 81–85.
B. Maydorn, Das tausendjährige Reich auf der Bühne, in: ZfdU, Jg. 15 (1901), S. 46 53.
Wolff, 1901, S. 336–337.
E. Buchner, M. H., in: WMh., 1903, Nr. 566, S. 265–280.
P. Goldmann, Die »neue Richtung«, 1903, S. 89–98.
Wethly, 1903, S. 83–101.
A. Stern, Studien zur Literatur der Gegenwart, 1904, S. 215–234.
Ders., 1909, S. 131–134.
H. Stümcke, Die vierte Wand, 1904, S. 134–138.
Benoist-Hanappier, 1905, S. 84–88 et passim.
Kienzl, 1905, S. 250–271.
Lothar, 1905, S. 144–156.
E. v. Keyserling, M. H., in: Über Land und Meer, Jg. 48 (1906), Nr. 44, S. 81–86.

H. Hart, Ges. Werke, Bd. 4, 1907, S. 329–333.

Arnold, 1908, S. 226–228 et passim.

Mamroth, 1908, S. 197–201, 297–299.

K. Menne, M. H., in: Borromäus-Blätter, Jg. 6 (1909), S. 129–137.

Doell, 1910, passim.

R. Elsner, M. H. »Jugend«, 1911.

B. Pompecki, Literaturgeschichte der Provinz Westpreußen, 1915, S. 230–234 et passim.

Ders., M. H's dramatisches Schaffen, in: OMh., Jg. 16 (1935), S. 415–419.

Kerr, 1917, Bd. I, S. 163–180.

Bab, 1925, S. 688–689.

H. v. Hülsen, M. H., in: Tü., Jg. 28 (1925/26), S. 56–61.

Guntrum, 1928, S. 57–58, 68–69.

Maleczek, 1928, S. 36–40 et passim.

Kniffler, 1929, S. 37–40.

Brandt, 1932, S. 38–39 et passim.

G. C. Cast, Das Motiv der Vererbung im deutschen Drama des 19. Jhs., Madison 1932, S. 94–101.

H. Weder, Die Stimmungskunst in M. H's Gegenwartsdramen, Diss. Halle 1932.

Kauermann, 1933, S. 72–80.

R. Krauß, Modernes Schauspielbuch, 1934, S. 121–127.

F. Erdmann, M. H., der Dichter der Jugend, in: OMh., Jg. 16 (1935), S. 412–414.

Ders., M. H. als Heimatdichter, in: OMh., Jg. 24 (1957), S. 57–59.

H. Grothe, M. H. und die junge Generation, in: OMh., Jg. 16 (1935), S. 405–408.

W. H. Root, New Light on M. H's »Jugend«, in: GR, 10 (1935), S. 17–25.

Bleich, 1936, passim.

W. Kleine, M. H's Stellung zum Naturalismus innerhalb der ersten beiden Dezennien seines dramatischen Schaffens, Diss. München 1937.

Fechter, 1938, S. 95–103.

Ders., 1957, S. 96–102.

H. Kindermann, M. H. und der deutsche Osten, 1941.

K. Martens, M. H. Dichter der Bodenständigkeit, in: NL, Jg. 43 (1942), S. 2–6, mit Bibliogr. von E. Metelmann, S. 6–8.

Dosenheimer, 1949, S. 183.

M. Gravier, Strindberg et le théâtre moderne: I. L'Allemagne, Lyon u. Paris 1949, S. 34–38 et passim.

E. Silzer, M. H's naturalistische Dramen, Diss. Wien 1949 (Masch.).

Boulby, 1951, passim.

Festschrift der M. H.-Gesellschaft zum 90. Geb. des Dichters, 1955.

Correns, 1956.

H. Günther, Drehbühne der Zeit, 1957, S. 262–278 et passim.

Praschek, 1957, passim.

Hamann/Hermand, 1959, passim.

F. Zillmann, M. H. Wesen und Werk, 1959.

Mehring, 1961, S. 355–376.

Meixner, 1961, passim.

W. Rudorff, Aspekte einer Typologie der Personen im dramatischen Werk M. H's, Diss. Freiburg i. Br. 1961 (Masch.).

Soergel/Hohoff, 1961, S. 212–216.

S. Hoefert, The Work of M. H. with Special Reference to Naturalism, Ph. D. Diss. Toronto 1962.

Ders., Das dichterische Schaffen M. H's, in: M. H. zum 100. Geb., hrsg. von der Stadtbibl. München, 1965, S. 68–75.

Ders., Zur Nachwirkung Hebbels in der naturalistischen Ära: M. H. und Hebbel, in: Hebbel-Jb. 1970, S. 98–107.

A. Müller und H. Schlien (Hrsg.), Dramen des Naturalismus, 1962, S. 20–24.

J. Chodera, Polska i Polacy w twórczosći Maxa Halbego, in: Filologia, Nr. 6, 1964, S. 165–194.

A. Kutscher, Wedekind. Leben und Werk, hrsg. von K. Ude, 1964, S. 174–177.

Das M. H.-Archiv der Stadtbibl. München, in: M. H. zum 100. Geb., hrsg. von der Stadtbibl. München 1965, S. 77–96.

Markwardt, 1967, passim.

W. Emrich, Polemik, 1968, S. 173–180.

Münchow, 1968, S. 114–120.

Cowen, 1973, S. 198–206.

J. Kalcher, Perspektiven des Lebens in der Dramatik um 1900, 1980, S. 47–131.

B. Stuhlmacher, Jugend, in: Tendenzen und Beispiele: Zur DDR-Literatur in den 70er Jahren, 1981, S. 185–220.

Interpretationen, 1988 (J. Kolkenbrock-Netz).

Der Berliner Dramatiker *Georg Hirschfeld* (1873–1942) galt in seinen Anfängen als eine der hoffnungsvollsten Begabungen unter der jungen Dichtergeneration. Otto Brahm förderte ihn, Gerhart Hauptmann nannte ihn den »einzigen ernstlich Mitstrebenden« (nach A. Soergel), und als dessen »getreuester Schüler« (R. F. Arnold) ist er in die Literaturgeschichte eingegangen. Bereits sein Erstlingswerk, der Einakter »Zu Hause« (1893), verriet den Einfluß des Vorbildes. In diesem Drama, das an »Das Friedensfest« erinnert und auch Züge aus »Vor Sonnenaufgang« aufweist, werden die Angehörigen einer zerrütteten Berliner Familie mit dem von der Universität zurückkehrenden älteren Sohn konfrontiert. Das Milieu, in dem sich die Gestalten bewegen, wird in aller Breite und wirklichkeitsgetreu geschildert. Es geschieht nicht viel; ein Konflikt wird projiziert, aber nicht gelöst. Die Stärke des Autors liegt in der Milieuzeichnung und in der Charakterisierungskunst. Inwieweit Hauptmann dem damals neunzehnjährigen Studenten bei der Arbeit geholfen hat, läßt sich nicht feststellen; doch weiß man, daß er ihm unter die Arme gegriffen hat (s. F. Martinis Anmerkungen).

Hirschfelds folgende dramatische Arbeit, der Einakter »Steinträger Luise« (1895), wäre ohne Hauptmanns »Vor Sonnenaufgang« nicht so konzipiert worden, wie sie uns vorliegt. Der Verfasser skizziert die mißlichen Verhältnisse einer ärmlichen Familie, deren Töchter als Steinträger auf einem Bau arbeiten müssen; der verstorbene Vater war dem Alkohol ergeben, die Mutter verdingt sich als Maurer, der Sohn ist taubstumm und zeigt die »Merkmale eines Säufers«; die älteste Tochter wird vom Bauunternehmer verführt, die jüngere wirft sich einem Touristen an den Hals, wird jedoch zurückgewiesen. Diese Studie unterer sozialer Schichten kam dem Autor bei der Arbeit an dem Drama »Die Mütter« (1895) zugute. Hier ist es Hauptmanns »Einsame Menschen«, das ihm als Vorbild diente. In diesem Stück, das vor allem den Bildungsunterschied hervorhebt (vgl. C. Kniffler), begegnen wir einer Heimarbeiterin, die einen angehenden Künstler, der von seiner Familie wegen seiner Liebe zu ihr verstoßen wurde, mit ihrem kümmerlichen Lohn unterstützt. Aber man glaubt ihm den Künstler nicht; er verkommt langsam in dem Milieu, und wenn ihm die Möglichkeit geboten wird, in sein Vaterhaus zurückzukehren, ergreift er sie. Gegen Ende gelingt es Hirschfeld, einen Abglanz jener Atmosphäre zu erschaffen, wie sie in den Aktschlüssen von »Einsame Menschen« gegenwärtig ist. Nur wird hier der dunkle Untergrund mit mattgoldenen Farben verbrämt, die bis hart an die Grenze des Ertragbar-Sentimentalen gehen.

Das Thema des Klassengegensatzes (Proletariat und Bürgertum) ist im folgenden Drama Hirschfelds nicht anzutreffen, wohl aber ist die Hauptgestalt mit ihrer Umgebung in Konflikt geraten: im Schauspiel »Agnes Jordan« (1897) geht es um die unglückliche Ehe einer Frau, die nur der Kinder wegen bei ihrem Gatten bleibt. Mit Naturalismus hat das wenig zu tun. Anders ist es mit der Komödie »Pauline« (1899). Hier geht es um das Geschick eines Dienstmädchens, das mit den Männern sein Spiel treibt, sich aber schließlich mit einem Sozialdemokraten verlobt. Das Lokalkolorit ist stark genug, um trotz der bisweilen zurechtgestutzten Sprache noch überzeugend zu wirken. Durch die Vorgeschichte des Sozialdemokraten und seine Parteigesinnung erhält das Drama eine sozialistische Komponente. Die weiteren dramatischen Arbeiten Hirschfelds, einige Märchen-, Künstler- und Familienstücke, werden immer schwächer, und er entfernt sich immer mehr vom Naturalismus.

Uraufführungen
»Zu Hause, 1. März 1894, München (Akademisch-dramatischer Verein). »Die Mütter«, 12. Mai 1895, Berlin (Freie Bühne). »Agnes Jordan«, 9. Okt. 1897, Berlin (Dt. Theater). »Pauline«, 18. Febr. 1899, Berlin (Dt. Theater).

Erstdrucke

»Zu Hause«, in: FB, Jg. 4 (1893), 1. und 2. Qu., S. 249–313 (als Buch bei S. Fischer, Berlin 1896). »Steinträger Luise«, in: MfL, Jg. 64 (1895), Sp. 545–553, 594–602. »Die Mütter«. Berlin: S. Fischer 1896. »Agnes Jordan«. Ebda. 1898. »Pauline. Ebda. 1899.

Selbstzeugnisse

Von Brahm zu Hauptmann, in: Mit G. Hauptmann, hrsg. von W. Heynen, 1922, S. 117–138. Otto Brahm, Briefe und Erinnerungen, 1925.

Literatur

Litzmann, 1896, S. 232–237.
Steiger, Bd. 2, 1898, S. 285–287.
M. Aram, G. H., in: MfL, Jg. 68 (1899), Sp. 299–302.
Bahr, 1899, S. 339–347.
Ders., 1902, S. 212–215.
P. Bornstein, Der Tod in der modernen Literatur und andere Essays, 1899, S. 203–215.
Gottschall, 1900, S. 93–95.
Hanstein, 1900, S. 293–295, 311–312.
Wolff, 1901, S. 300–303, 429–432.
Wethly, 1903, S. 112–116.
Benoist-Hanappier, 1905, S. 88–89 et passim.
Lothar, 1905, S. 156–163.
Arnold, 1908, S. 230–231.
Soergel, 1911, S. 356–359.
Kerr, 1917, Bd. I, S. 163–180.
K. Berendt, Der deutsche Naturalismus (G. Hauptmann) in seinem Verhältnis zur klassischen Dichtung, Diss. Rostock 1924, S. 26–27 et passim.
Bab, 1925, S. 689–690.
Maleczek, 1928, S. 41–42 et passim.
Kniffler, 1929, S. 49.
Brandt, 1932, S. 54 55 et passim.
Kauermann, 1933, S. 88–94.
D. Dibelius, Die Exposition im deutschen naturalistischen Drama, Diss., Heidelberg 1935, passim.
Fechter, 1957, S. 118–119.
Praschek, 1957, passim.
R. Stiglitz, Das dramatische Werk G. H's, Diss. Wien 1958 (Masch.).
Meixner, 1961, S. 111–118.
Brahm, 1964, S. 481–484.
R. M. Rilke, G. H. und Agnes Jordan, in: Sämtl. Werke, Bd. 5, 1965, S. 334–345.
Schley, 1967, S. 106–108.
Marshall, 1982, S. 190–211.

Hermann Sudermann (1857–1928) erlitt nach dem Erfolg seines dramatischen Erstlingswerkes (s. S. 22) mit dem Schauspiel »Sodoms Ende« (1891) eine Niederlage. Dieses Stück, das hinsichtlich der Detailschilderung der Menschen und des Milieus naturalistischer als das erste ist und die »Konstellation von »Ehre« wiederaufgreift und ins Düster-Dämonische transponiert« (B. Markwardt), stellt in Anlehnung an das Geschick Karl Stauffer-Berns ein tragisches Künstlerschicksal dar. Zu gleicher Zeit richtet es sich gegen das Treiben der korrumpierten Großstadtgesellschaft des Berliner Westens. Ihr gegenüber steht als Positivum die Welt einer einfachen Familie, aus deren Mitte ein begabter Maler hervorgegangen ist, der in den Bann eines Weibes gerät, das der Mittelpunkt dieser Gesellschaftskreise ist. Er will dort künstlerische Erkenntnisse gewinnen, doch stellt es sich immer klarer heraus, daß wahres Kunststreben in einem solchen »Sumpf« (man wird vielfach an J. Harts Drama erinnert) nicht gedeihen kann. Der Held des Stückes erkennt das zu spät; er stirbt an der Leiche eines ihm anvertrauten Mädchens nach einem Blutsturz, was ebenso überraschend wie effektvoll ist und den Unwahrscheinlichkeiten, unter denen dieses Werk leidet, hinzugezählt werden muß. Bezeichnend ist auch die Feststellung F. Mehrings, derzufolge »Sodoms Ende« unter den Dramen Sudermanns »wie das sozial ausgreifendste, so das dramatisch schwächste ist« (S. 249).

Das folgende Stück Sudermanns war sein größter Erfolg; es zeigte aber auch, daß er nur sehr bedingt als naturalistischer Dramatiker gelten konnte und »sich der Strömung des Naturalismus rein äußerlich und formal« (W. Kauermann) angeschlossen hatte. Im Schauspiel »Heimat« (1893) gestaltet er den Gegensatz zwischen »moderndem« Künstlertum und engstirniger Bürgerlichkeit. Wie in »Ehre« haben wir den Heimkehrer, der einsehen muß, daß er in der »Heimat« nicht mehr zu Hause ist. Hier ist es eine Offizierstochter, die ihr Elternhaus verlassen mußte, dann eine gefeierte Sängerin wurde und nach ihrer Rückkehr in einen Konflikt gerät, der nur durch den plötzlichen Tod des Vaters – eines »Meister Anton zwischen Plüschmöbeln« (P. Fechter) – auf melodramatische Weise gelöst wird. Mit Naturalismus hat das nur in geringem Maße etwas zu tun. Das gilt auch für die noch folgenden Dramen Sudermanns. Man wird in ihnen nur immer an den Naturalismus erinnert, so in der »Schmetterlingsschlacht« (1895), dem Schauspiel »Das Glück im Winkel« (1896), »Johannisfeuer« (1900) und der Komödie »Der Sturmgeselle Sokrates« (1903).

Nur das Schauspiel »Stein unter Steinen« (1905) verlangt noch einmal unsere Aufmerksamkeit, und zwar wegen seiner sozialen Problematik: es geht um die Rehabilitierung eines entlassenen Zuchthäuslers. Zwar hatte sich einige Jahre zuvor auch Wilhelm von Polenz (»Andreas Bockholdt«, 1898) den gleichen Vorwurf gewählt, aber das Ergebnis war nur das Charakterdrama eines weltfremden Idealisten. Bei Sudermann dagegen steht der Zuchthäusler an erster Stelle. Von einem sozialdenkenden Steinmetzmeister wird ihm eine Chance geboten, und mit Hilfe eines Mädchens wird er wieder ein vollwertiges Mitglied der menschlichen Gesellschaft. Obwohl dieses Werk von den Schwächen der Sudermannschen Dramatik nicht frei ist, verdient es doch Beachtung, schon weil es als Verbindungsglied zwischen der naturalistischen Epoche und der »Neuen Sachlichkeit« der Nachkriegsjahre gelten könnte.

Uraufführungen:
»Sodoms Ende«, 5. Nov. 1890, Berlin (Lessingtheater). »Heimat«, 7. Jan. 1893, Berlin (Lessingtheater). »Die Schmetterlingsschlacht«, 6. Okt. 1894, Berlin (Lessingtheater). »Das Glück im Winkel«, 11. Nov. 1895, Wien (Hofburgtheater). »Johannisfeuer«, 5. Okt. 1900, Berlin (Lessingtheater). »Der Sturmgeselle Sokrates«, 3. Okt. 1903, Berlin (Lessingtheater). »Stein unter Steinen«, 7. Okt. 1905, Berlin (Lessingtheater).

Erstdrucke
»Sodoms Ende«, Berlin: F. u. P. Lehmann 1891. »Heimat«. Stuttgart: J. G. Cotta 1893. »Die Schmetterlingsschlacht«, Ebda. 1895. »Das Glück im Winkel«. Ebda. 1896. »Johannisfeuer«. Ebda. 1900. »Der Sturmgeselle Sokrates«. Ebda. 1903. »Stein unter Steinen«. Ebda. 1905.

Selbstzeugnisse
Das Bilderbuch meiner Jugend, 1922 u. 1981. Briefe H. S's an seine Frau (1891–1924), hrsg. von I. Leux, 1932.

Stellungnahme zur Kritik
»Verrohung in der Theaterkritik«, 1902. »Die Sturmgesellen: Ein Wort zur Abwehr«, 1903.

Gesamtausgabe
Dramatische Werke, 6 Bde., 1923.

Literatur

Hercher-Wachler, Über den künstlerischen Wert der S'schen »Ehre«, in: Ges., Jg. 6 (1890), 4. Qu., S. 1508–1516.
Kirchner, 1893, S. 185–192.
G. Brandes, Menschen und Werke, 1895, S. 515–532.
L. Berg, Zwischen zwei Jahrhunderten, 1896, S. 203–214.
Litzmann, 1896, S. 193–205, 220–225.
W. Kawerau, H. S. 1897.
R. Krebs, Das moderne realistisch-naturalistische Drama im Lichte des Christentums, 1897, S. 50–58.

J. E. v. Grotthuß, Probleme und Charakterköpfe, 1898, S. 127–177.

F. Spielhagen, Neue Beiträge zur Theorie und Technik der Epik und Dramatik, 1898, S. 24–359.

Steiger, Bd. 2, 1898, S. 268–277.

Bahr, 1899, S. 30–36, 88–93.

Ders., 1902, S. 78–84.

Hanstein, 1900, S. 172–179 et passim.

K. Bleibtreu, Die Verrohung der Literatur: Ein Beitrag zur Haupt- und Sudermännerei, 1903.

P. Goldmann, Die »neue Richtung«, 1903, S. 121–127.

M. Harden, Kampfgenosse S., 1903.

H. Jürgensen, H. Ibsens Einfluß auf H. S., Diss. Lausanne 1903.

A. Kerr, Herr Sudermann, der D… Di… Dichter, 1903.

Ders., 1917, Bd. I, S. 219–284 et passim.

Wethly, 1903, S. 102–111.

H. Schoen, H. S., Paris 1904.

H. Stümcke, Die vierte Wand, 1904, S. 94–123.

Kienzl, 1905, S. 374–398 et passim.

H. Landsberg, H. S., 1905.

Lothar, 1905, S. 267–276 et passim.

I. Axelrod, H. S., 1907.

H. Hart, Ges. Werke, Bd. 4, 1907, S. 292–307.

E. Mauerhof, Das naturalistische Drama, 1907, S. 86–97 et passim.

K. Knortz, S's Dramen, 1908.

Mamroth, 1908, S. 33–38 et passim.

H. Bulthaupt, Dramaturgie des Schauspiels, Bd. 4, 1909, S. 371–481.

Stern, 1909, S. 110–113 et passim.

Doell, 1910, passim.

Soergel, 1911, S. 343–351.

Brahm, 1913, S. 280–284 et passim.

Th. Kappstein, S. und seine besten 17 Bühnenwerke, 1922.

Naumann, 1923, S. 43–52.

Bab, 1925, S. 694–698.

K. Busse, H. S., 1927.

Mohme, 1927, S. 98–99.

Guntrum, 1928, S. 22–23 et passim.

Maleczek, 1928, S. 43–45 et passim.

H. Spiero, H. S., in: DBJb., Bd. 10 (1928), S. 279–283.

A. E. Zucker, The Ibsenian Villain in S's »Heimat«, in: GR, 3 (1928), S. 208–217.

W. Diamond, H. S., in: MH, Jg. 21 (1929), S. 155–163.

Kniffler, 1929, S. 47–49.

H. Walter, S. und die Franzosen, Diss. Münster 1930.

I. Leux, H. S., 1931.

Brandt, 1932, passim.

G. C. Cast, Das Motiv der Vererbung im deutschen Drama des 19. Jhs., Madison 1932, S. 102–105.

Kauermann, 1933, S. 80–88.

O. L. Bockstahler, Nietzsche and S., in: GQ, 8 (1935), S. 177–191.

Bleich, 1936, S. 48–49 et passim.

Thielmann, 1937, S. 13–14.

Fechter, 1938, S. 77–95 et passim.

Ders., 1957, S. 81–95.

J. P. Umbach, Der Konflikt zwischen Gesellschaft und Gemeinschaft im Werke S's, in: MH, Jg. 33 (1941), S. 23–26.

P. K. Whitaker, The Inferiority Complex in H. S's Life and Works, in: MH, Jg. 40 (1948), S. 69–81.

Dosenheimer, 1949, S. 176–181.

E. Wellner, G. Hauptmann und H. S. im Konkurrenzkampf, Diss. Wien 1949 (Masch.).

Boulby, 1951, passim.

R. H. Mathers, S. and the Critics, Ph. D. Diss. Univ. of Southern Calif. 1951.

Correns, 1956.

Th. Duglor, H. S., 1958.

Mehring, 1961, S. 244–276 et passim.

E. Lind, Die Szenenbemerkungen bei H. S., Diss. Wien 1961 (Masch.).

W. F. Mainland, H. S., in: German Men of Letters, hrsg. von A. Natan, London 1963, Bd. II, S. 33–53.

Markwardt, 1967, passim.

Münchow, 1968, S. 125–128.

H. S.: Porträt und Selbstporträt, Marbacher Magazin, 10/1978.

D. Kuhn, Zum Nachlaß von H. S., in: Jb. d. Dt. Schillergesellschaft, 24 (1980), S. 458–470.

H. S.: Werk und Wirkung, hrsg. von W. T. Rix, 1980 (vor allem R. Daunicht über »Sodoms Ende«).

A. Corkhill, Ehre hier ist Schande dort: H. S. and the Protean Concept of Honor, in: Die Ehre als literarisches Motiv, E. W. Herd-Festschrift, hrsg. von A. Obermayer, Dunedin 1986.

Interpretationen, 1988 (H. Scheuer, H. Eilert).

R. Whitinger, Self-Consciousness in »Die Ehre«, in: JEGH, 89 (1990), S. 461–474.

L. Tampi, Die Frau mit Schatten: Künstlerin und Bürgerwelt in H. S's »Heimat«, in: German Studies in India, 15 (1991), S. 112–137.

4. Naturalisten minderen Ranges

Wohl der Gewichtigste unter den Naturalisten minderen Ranges ist *Otto Erich Hartleben* (1864–1905). Von den Autoren, die hier zur Diskussion stehen, ist er derjenige, dessen Schaffen von der Forschung am eingehendsten erörtert worden ist. Sein Dramenwerk ist in der Nachkriegszeit ausführlich behandelt worden, und sein Verhältnis zum Naturalismus ist Gegenstand der Diskussion gewesen. Im allgemeinen wird die Nähe zu den impressionistischen Bestrebungen betont. K. S. Guthke sieht Hartleben im »Umkreis des Impressionismus« beheimatet, Hamann/Hermand verweisen auf den impressionistischen Zug in seinem Werk, und die letzte größere Arbeit, die über sein Dramenschaffen vorliegt, die Dissertation von H. Reif (1963), hebt hervor, daß er sich den Forderungen der naturalistischen Doktrin fernzuhalten wußte und etwas abseits von der Modeliteratur der Zeit stand.

Hartleben, der sich zuerst als Gerichtsreferendar betätigte, kehrte, nachdem 1889 seine Ibsen-Parodie (s. S. 20) erschienen war, der Juristerei den Rücken und widmete sich der Literatur. Was den dramatischen Arbeiten dieses seinerzeit sehr populären Schriftstellers vor allem Antrieb gab, war die Verspottung der bürgerlichen Moral und des Philistertums. Durch die Verbindung des Sozialkritischen mit dem Erotischen und durch seinen ungezwungenen Konversationston verstand er es, sein Anliegen dem Publikum nahezubringen. Das gilt unter anderem für den Einakter »Angele« (1891) und die Komödien »Die Erziehung zur Ehe« (1893) und »Hanna Jagert« (1893). Unter Hartlebens Werken ist »Hanna Jagert« dasjenige, das die größte Substanz besitzt. Im Mittelpunkt dieser Komödie steht eine junge Sozialistin, die sich aus den Bindungen der Partei gelöst und sich eine unabhängige wirtschaftliche Position geschaffen hat. Dies mag für des Autors Verhältnis zum Sozialismus bezeichnend sein; denn auch Hartleben war einst ein begeisterter Sozialist gewesen, hatte sich aber, nachdem er erkannt hatte, daß seinem Künstlertum von dorther Gefahr drohte, in zunehmendem Maße von der Partei und ihrer Ideologie abgewandt. Daß in »Hanna Jagert« aus der Verlobten eines in Plötzensee »sitzenden« Genossen die Geliebte eines Fabrikbesitzers und schließlich die Braut eines Freiherrn wird, führte schon seinerzeit zu sarkastischen Bemerkungen der Kritiker (s. F. Mehring); dem naturalistischen Konzept wird hier, obwohl Hartleben den Dialog mit sicherer Hand zu führen versteht, Gewalt angetan.

Nach dem mißlungenen Versuch, sich mit dem Schauspiel »Ein Ehrenwort« (1894) durchzusetzen, wandte sich Hartleben wieder dem Einakter zu. Ein Meisterstück dieser Art war »Die sittliche Forderung« (1897), die später in den Einakterzyklus »Die Befreiten« (1899) aufgenommen wurde. Hier lehnt Hartleben sich an Sudermann und die Franzosen an und reitet eine Attacke gegen den Moralkodex der bürgerlichen Gesellschaft. Als Zeugnis des Naturalismus fällt das Stück jedoch nicht sehr ins Gewicht. Das Gleiche gilt für die Komödie »Ein wahrhaft guter Mensch« (1899), in der der Autor den Helden als Vermittler zwischen Arbeitgeber und Arbeitern einsetzt und ihn zum Gespött der letzteren werden läßt, um so die

»Kluft zwischen Proletariat und Bürgertum in karikierter Form« (C. Kniffler) deutlich zu machen.

Der letzte Versuch Hartlebens, sich mit einer größeren Arbeit die Bühne zu erobern, war von Erfolg gekrönt. Seine Offizierstragödie »Rosenmontag« (1900) fand fast allerorten Anerkennung und wurde eines der populärsten Werke der Zeit. Was bei diesem im Naturalismus wurzelnden Milieustück faszinierte, war – wie in der Literatur über dieses Werk mit seltener Einmütigkeit festgestellt wird – die getreue Wiedergabe der Kasinositten und des Offizierslebens. Hartlebens Bruder, der als aktiver Offizier gedient hatte, war ihm bei der Gestaltung behilflich gewesen (s. Soergel/Hohoff). Der Dichter steht hier wiederum in der Nähe Sudermanns und des französischen Intrigenstücks; auch klingen Motive aus »Kabale und Liebe« an. Ein besonderer literarischer Wert ist dem Werk kaum eigen. Die effektreiche Handlung ist mit dem Makel des Artifiziellen behaftet; die Hauptpersonen bleiben blaß, ihr tragisches Schicksal wird nicht überzeugend gestaltet. Daß »Rosenmontag« sein dauerhaftester Erfolg bleiben sollte, konnte Hartleben selbst nicht recht verstehen (s. dazu M. Halbe).

Uraufführungen
»Angele«, 30. Nov. 1890, Berlin (Freie Bühne). »Hanna Jagert«, 2. April 1893, Berlin (Lessingtheater). »Die Erziehung zur Ehe«, 10. Sept. 1893, Berlin (Neue Freie Volksbühne). »Ein Ehrenwort«, 24. Nov. 1893, Breslau (Lobe-Theater). »Die sittliche Forderung«, 9. Nov. 1896, Berlin (Neues Theater). »Ein wahrhaft guter Mensch«, 24. Okt. 1899, München (Residenztheater). »Rosenmontag«, 3. Okt. 1900, Berlin (Dt. Theater) und München (Schauspielhaus).

Erstdrucke
»Angele«, 1891. »Die Erziehung zur Ehe«, 1893. »Hanna Jagerts«, 1893. »Ein Ehrenwort«, 1894. »Die sittliche Forderung«, 1897 (zuerst in NDR, Jg. 5, 1894). »Ein wahrhaft guter Mensch«, 1899. »Rosenmontag«, 1900. – Sämtlich bei S. Fischer in Berlin erschienen.

Selbstzeugnisse
Tagebuch: Fragment eines Lebens, 1906. Briefe an seine Frau 1887–1905, hrsg. von F. F. Heitmüller, 1908. Briefe an seine Freundin, hrsg. von F. B. Hardt, 1910. Briefe an Freunde, hrsg. von F. F. Heitmüller, 1912. Selbstbiographie des Dichters, in: A. v. Klement, Die Bücher von O. E. H., Salò 1951, S. 11–15.

Sammelausgabe
Werke, 3 Bde., hrsg. von F. F. Heitmüller, 1909.

Literatur

C. Flaischlen, O. E. H., 1896.

F. Spielhagen, Neue Beiträge zur Theorie und Technik der Epik und Dramatik, 1898, S. 244–254.

Steiger, Bd. 2, 1898, S. 309–314.

Bahr, 1899, S. 347–352.

Ders., 1902, S. 40–46.

Ders., 1903, S. 287–295, 366–371.

Gottschall, 1900, S. 89–93.

Hanstein, 1900, S. 261–264, 283–284.

Wolff, 1901, S. 310–315.

Wethly, 1903, S. 117–122.

Kienzl, 1905, S. 285–294.

H. Landsberg, O. E. H., 1905.

Lothar, 1905, S. 199–203.

A. Eloesser, O. E. H., in: BJb., Bd. 10 (1907), S. 61–67.

Stern, 1909, S. 225–230.

Brahm, 1913, S. 312–315.

Kerr, 1917, Bd. I, S. 290–294.

Holl, 1923, S. 324–326.

H. O. Werda, Verzeichnis der Werke von O. E. H., in: Das Sammlerkabinett (Faust), Jg. 2 (1923/24), Heft 12, S. 8–11.

Bab, 1925, S. 692–694.

Kniffler, 1929, S. 34–36.

Brandt, 1932, S. 47–49.

H. Lücke, O. E. H., 1941.

M. Halbe, Sämtl. Werke, Bd. 2, 1945, S. 389–394 et passim.

Dosenheimer, 1949, S. 182.

A. v. Klement, Die Bücher von O. E. H. (Bibliogr.), Salò 1951.

G. de Reese, O. E. H. Eine kritische Auseinandersetzung mit dem Leben und Schaffen eines deutschen Naturalisten, Diss. Jena 1957 (Masch.).

Hamann/Hermand, 1959, S. 275.

K. S. Guthke, Geschichte und Poetik der deutschen Tragikomödie, 1961, S. 294–295.

Mehring, 1961, S. 77–386.

Soergel/Hohoff, 1961, S. 278–282.

H. Reif, Das dramatische Werk O. E. H's, Diss. Wien 1963 (Masch.).

Schley, 1967, S. 83–85.

Münchow, 1968, S. 121–125.

K.-M. Bogdal, »Schaurige Bilder«: Der Arbeiter im Blick des Bürgers am Beispiel des Naturalismus, 1978, S. 165–169.

Giesing, 1984, S. 208–214.

Neben Hartleben wußte sich eine Reihe von Autoren als naturalistische Dramatiker früher oder später Geltung zu verschaffen. In Norddeutschland sind es Max Dreyer, Otto Ernst, Emil Rosenow,

Clara Viebig und, mit Vorbehalt, Ludwig Fulda. Die Forschung hat sich in letzter Zeit nicht viel um sie gekümmert. Was die Darstellung ihres dramatischen Schaffens anbelangt, müssen wir vor allem auf Veröffentlichungen aus den 20er Jahren zurückgreifen. Die Arbeiten von H. Zerkaulen und P. Babendererde über Max Dreyer aus den 30er bzw. 40er Jahren sind mehr auf die allgemeine Würdigung dieses Dichters angelegt; über die naturalistische Phase seines Wirkens wird in ihnen nichts von Bedeutung ausgesagt. Hervorzuheben ist jedoch eine spezielle Auseinandersetzung (von O. S. Fleissner, 1931) mit den Naturalismus der Clara Viebig, in der hauptsächlich auf die Präsenz nicht-naturalistischer Tendenzen in ihren Werken verwiesen wird. Abgesehen von einigen Bemerkungen Hamanns und Hermands über Fuldas Standort in der naturalistischen Epoche, ist nach dem Kriege lediglich ein gewisses Interesse an Rosenow zu vermerken. Ein kurzer, mehr journalistischer Aufsatz (von H. Stolte) fällt nicht weiter ins Gewicht, doch ist Hauptmanns Einwirkung auf diesen Schriftsteller mehrmals näher untersucht worden (S. Hoefert, U. Münchow, A. Marshall).

Der aus Rostock stammende *Max Dreyer* (1862–1946), der nach seiner Promotion zunächst als Gymnasiallehrer und Journalist tätig war, entwickelte sich bald zu einem geschickten Bühnenschriftsteller, dessen Werken oft Erfolg beschieden war. Anfangs befand er sich ganz im Fahrwasser Ibsens. In der Komödie »Drei« (1894) bot er eine Variante des Noraproblems; die Charaktere und die psychologische Entwicklung des Konflikts (eine Frau, die sich vom Gatten abwendet und dem Hausfreund zuneigt) sind glaubwürdig gestaltet, nur das Ende hinterläßt Skepsis. In »Winterschlaf« (1896) gesellt sich zu den Ibsen-Nachklängen der Hauptmann-Einfluß. Ähnlich wie in »Vor Sonnenaufgang« tritt ein moderner Schriftsteller in den Lebenskreis einer jungen Frau und erweckt ihre Liebe; er hat Studien in einem Asyl für Obdachlosen betrieben, ist im Gefängnis gewesen und lebt ganz seiner Aufgabe: der Lösung der sozialen Frage. Sie hat eine mehr oder minder moderne Erziehung genossen, will von ihrem Milieu freikommen, setzt jedoch ihrem Leben, da sie von einem anderen Mann vergewaltigt wird, ein Ende. Aufdringlich ist die Verwendung vorbereitender Anzeichen und eine an Halbe erinnernde Stimmungsmalerei. »Winterschlaf« war ein naturalistisches Bühnenwerk, doch kaum »un des plus purs échantillons du naturalisme conséquent« (Benoist-Hanappier).

Bald danach wandte sich Dreyer dem historischen Schwank, der Burleske und dem Lustspiel zu. Allerdings kam es ihm besonders auf die Bühnenwirksamkeit der Stücke an. Mit den modernen Ideen wird oft nur gespielt; sie wirken wie eingestreut und dienen lediglich dazu, dem Werk den Anstrich des Zeitgemäßen zu geben. Aus der Fülle seiner späteren dramatischen Produktion ist für den Naturalismus nur »Der Probekandidat« (1899) wichtig, Dreyers bestes Theaterstück. Der Dichter ist darin zu seinen Anfängen zurückgekehrt, verwertet wohl auch persönliche Erfahrungen und schildert das Drama der Gesinnungstreue eines Lehramtskandidaten, der die »materialistische Irrlehre« verbreitet hat und statt des geforderten Widerrufs den Schülern sein Darwinistisches Glaubensbekenntnis mit auf den Weg gibt. Schwach in der Charaktergestaltung und nicht frei von Unwahrscheinlichkeiten, doch schwungvoll in der szenischen Anlage und sprachlichen Gestaltung, war es dieses Drama, das des Autors Ruhm begründete, das »erste bedeutsame Schuldrama unserer Literatur« (E. Engel) geschaffen zu haben.

Uraufführungen
»Drei«, 25. Mai 1895, Berlin (Lessingtheater). »Winterschlaf«, 15. März 1896, Berlin (Neues Theater). »Der Probekandidat«, 18. Nov. 1899, Berlin (Dt. Theater).

Erstdrucke
»Drei«, Berlin: S. Fischer, 1894. »Winterschlaf«. Ebda. 1896. »Der Probekandidat«. Berlin: G. H. Meyer 1899.

Selbstzeugnisse
Aus der Frühzeit des deutschen Naturalismus. Jugenderinnerungen, in: Aufbau 2 (1946), S. 1259–1261.

Literatur

Steiger, Bd. 2, 1898, S. 296–298.
O. Wilda, M. D., in: NuS, Bd. 85 (1898), S. 375–383.
Gottschall, 1900, S. 95–99.
Hanstein, 1900, S. 314–316.
Bahr, 1902, S. 200–204.
Ders., 1903, S. 341–345.
Wethly, 1903, S. 138–146.
Benoist-Hanappier, 1905, S. 129–130.
Kienzl, 1905, S. 210–233.
Lothar, 1905, S. 292–297.
H. Hart, Ges. Werke, Bd. 4, 1907, S. 337–340.
E. Engel, Geschichte der deutschen Literatur des 19. Jhs. und der Gegenwart, 1908, S. 429–431.
Stern, 1909, S. 47–50.
Soergel, 1911, S. 361–363.
O. Meyer, M. D., in: Die Grenzboten, Jg. 71 (1912), 4. Qu., S. 86–92.
Kerr, 1917, Bd. I, S. 309–314.
Mohme, 1927, S. 119–120.

Guntrum, 1928, S. 53–54.
Kniffler, 1929, S. 43–44.
H. Zerkaulen, M. D. Der Dichter und sein Werk, 1932.
Bleich, 1936, S. 40–44 et passim.
Fechter, 1938, S. 181–183.
P. Babendererde, M. D. Der Dichter der Ostsee, 1942.
Marshall, 1982, S. 218–229.

Otto Ernst (eigentlich O. E. Schmidt, 1862–1926) setzte sich in sei-
ner Eigenschaft als Hamburger Volksschullehrer besonders für die
Kunsterziehung ein und trat zuerst als Lyriker, Novellist und Es-
sayist hervor. Im Jahre 1895 wurde »Die größte Sünde«, sein erstes
Drama, in Berlin von der ›Neuen Freien Volksbühne‹ aufgeführt.
Dieses Werk, das später umgearbeitet wurde, richtete sich gegen den
Einfluß der Kirche und des Großkapitals. Im Mittelpunkt steht ein
Nationalökonom, der mit den Vertretern der Kirche und dem Vater
seiner Braut, einem Großkaufmann, in Konflikt geraten ist; durch
drückende Not sieht er sich gezwungen, klein beizugeben, doch
setzt er, da er mit dieser Sünde wider seine Überzeugung nicht leben
zu können vermeint, seinem Leben ein Ende. Erfolg war dem Werk
nicht beschieden. Der fanatische Idealismus des Helden befremde-
te, seine breit angelegten Tendenzreden beschwerten das Hand-
lungsgefälle in zu starkem Maße, auch hinterläßt das Ende den Ein-
druck des Nur-Literarischen.
   Die folgende dramatische Arbeit Otto Ernsts, die Komödie »Jugend von heute« (1899), machte den Namen des Autors bekannt.
Der Erfolg dieses Werkes beruhte in der Hauptsache auf dessen sa-
tirisch-humoristischer Haltung: Otto Ernst wandte sich hier gegen
das modische und oft falsch verstandene Übermenschentum Nietzsches; zwei »Übermenschen«, die im Gefolge eines jungen Medizi-
ners auftreten, werden als neidische Literaten entlarvt, indes der
Held sich als Tatmensch bewährt. Während in diesem Drama we-
nigstens der Versuch unternommen wird, die Einseitigkeit in der
Zeichnung der Charaktere zu überwinden, wirkt sich in der Schul-
komödie »Flachsmann als Erzieher« (1901) die Schwarz-Weiß-
zeichnung der Hauptgestalten äußerst nachteilig aus. Die Idealfigur
siegt hier auf der ganzen Linie über einen tyrannischen Schulmeister,
der auch noch zum Betrüger gestempelt wird. Zwar wird alles gefäl-
lig dargeboten, doch darf man mit den Kriterien der Wirklichkeit-
streue und Lebensechtheit weder an dieses Werk noch an seine späteren Dramen (»Die Gerechtigkeit«, 1902; »Bannermann«, 1905)
herantreten. Keines davon würde einer darauf basierenden Prüfung
standhalten.

Uraufführungen
»Die größte Sünde«, 8. Sept. 1895, Berlin (Belle Alliance Theater), Neubearbeitung: 30. Okt. 1901, Hamburg (Dt. Schauspielhaus). »Jugend von heute«, 2. Dez. 1899, Dresden (Kgl. Schauspielhaus). »Flachsmann als Erzieher«, 1. Dez. 1900, Dresden (Kgl. Schauspielhaus).

Erstdrucke
»Die größte Sünde«, Hamburg: C. Kloß 1895, Neubearbeitung: bei L. Staackmann, Leipzig 1901. »Jugend von heute«. Hamburg: C. Kloß 1899. »Flachsmann als Erzieher«. Leipzig: I. Staackmann 1901.

Sammelausgabe
Ges. Werke, 12 Bde. 1922/23.

Literatur

G. Falke, O. E., in: MfL, Jg. 64 (1895), Sp. 1713–1719.
E. Kilian, Die größte Sünde, in: LE, Jg. 3 (1900/01), Sp. 225–230.
H. Brömse, O. E's Drama »Die größte Sünde«, in: MfL, Jg. 70 (1901), Sp. 1128–1130.
Bahr, 1902, S. 17–24, 46–51.
J. Schumann, O. E., 1903.
Wethly, 1903, S. 147–159.
H. Stümcke, Die vierte Wand, 1904, S. 228–236.
Lothar, 1905, S. 297–304.
Stern, 1909, S. 176–179, 220–225.
B. Diederich, Hamburger Poeten, 1911, S. 201–229.
Soergel, 1911, S. 363–367.
O. Enking, O. E. und sein Schaffen, 1912.
Kerr, 1917, Bd. IV, S. 179–180.
Mohme, 1927, S. 122–124.
A. Volquardsen, O. E. Ein Blick in sein Leben und Schaffen, 1927.
Mehring, 1961, S. 422–423.

Der Rheinländer *Emil Rosenow* (1871–1904) bekundete schon früh seine sozialistische Gesinnung. Er trat der sozialdemokratischen Partei bei, wurde Redakteur des ›Chemnitzer Beobachters‹, ließ sich als Kandidat bei den Reichstagswahlen aufstellen und wurde 1898 der jüngste deutsche Reichstagsabgeordnete. Während dieser Zeit entstand sein erster dramatischer Versuch: der Einakter »Daheim«, ein naturalistisches Elendsbild aus einem Industrieort, in dem sich eine Witwe bemüht, sich mit ihren Kindern über Wasser zu halten. Eine zweite dramatische Arbeit, das Gesellschaftsstück »Der balzende Auerhahn« (1898/99), spielt in Kreisen, die dem Autor fremd waren und die er nicht überzeugend gestalten konnte. Anders ist es mit dem Arbeiterdrama »Die im Schatten leben«. Rosenow hatte das

Elend der Bergleute aus erster Hand kennengelernt, und in diesem Werk – einem sorgsam ausgeführten Milieustück – wird dies widergespiegelt. Auch hier begegnen wir einer Witwe, die sich mit ihren Kindern durchzuschlagen versucht; der Sohn wird durch ein Grubenunglück zum Krüppel, der Schwiegersohn kommt dabei ums Leben, die jüngste Tochter wird vom Sohn des Unternehmers verführt, und die ältere Tochter verläßt, aus Protest, die Bergmannssiedlung.

Das einzige Stück Rosenows, das sich als bühnenwirksam erweisen konnte, war die Dialektkomödie »Kater Lampe« (1902). Sie spielt in einem Dorf im sächsischen Erzgebirge; Holzschnitzer, die für einen Fabrikanten für Hungerlöhne arbeiten müssen, ein Gemeindevorsteher, der nicht mit Schlauheit gesegnet ist, aber über die anderen am Ende doch triumphiert, dazu ein Kater, der von den Stützen der Obrigkeit verspeist wird, das sind die Elemente dieses handfesten und humorvollen Stückes, das in einigen Zügen an Hauptmanns »Biberpelz« erinnert.

Uraufführung
»Kater Lampe«, 2. August 1902, Breslau (Sommertheater).

Erstdrucke
»Kater Lampe«. Stuttgart: J. G. Cotta 1906. »Die im Schatten leben«. Berlin: H. Essig 1912.

Sammelausgabe
Ges. Dramen, Einleitung von Ch. Gaehde, 1912.

Literatur

A. R.-E., Emil Rosenow, in: BJ, Bd. 13 (1908), S. 360–362.

G. Schmidt, E. R., in: LE, Jg. 14 (1911/12), Sp. 819–824.

H. Wendel, Ges. Dramen von E. R., in: Die Neue Zeit, Jg. 30 (1911/12), Bd. 2, S. 644–646.

H. Spiero, Deutsche Köpfe, 1927, S. 333–344.

Ch. Gaehde, E. R., in: Blätter der städtischen Bühnen Frankfurt, 1929, S. 237–249.

H. Stolte, Der Dichter des »Kater Lampe«, in: Aufbau, 3 (1947), S. 280–281.

S. Hoefert, R's »Kater Lampe«: Zur Wirkungsgeschichte G. Hauptmanns, in: Seminar, 5 (1969), S. 141–144.

U. Münchow, E. R., in: Frühes deutsches Arbeitertheater 1847–1918, hrsg. von F. Knilli u. U. Münchow, 1970, S. 390–391 (enthält auch zwei Rezensionen von R's »Kater Lampe«).

Dies., Arbeiterbewegung und Literatur 1860–1914, 1981, S. 472–496.

Marshall, 1982, S. 230–251.

Clara Viebig (1860–1952), in der Pfalz, der Provinz Posen und Berlin gleichermaßen zu Hause, begann nach ihrer Heirat mit dem Verleger Fritz Cohn zu schreiben. Unter dem Einfluß Zolas, besonders seines Romans »Germinal«, folgte sie der naturalistischen Darstellungskunst und veröffentlichte 1897 ihre erste Novellensammlung: »Kinder der Eifel«. Eine der darin enthaltenen Arbeiten, »Die Schuldige«, bildet die Grundlage ihres ersten Bühnenstücks »Barbara Holzer« (1897). Das Naturalistische dieses Werkes, das die Beziehungen eines willensschwachen Mannes zu zwei Frauen darstellt, zeichnet sich in der sprachlichen Gestaltung, der genauen Erfassung des ländlich-pfälzischen Milieus und einigen thematischen Aspekten ab. Allerdings findet man auch romantische Züge (s. dazu O. S. Fleissner), und zudem widerstrebt die der Handlung innewohnende Theatralik immer wieder den naturalistischen Kunstprinzipien. Ähnlich ist es in den »Pharisäern« (1899), einer Komödie, der das Theatralische jedoch weniger stark aufgetragen ist. Hervorzuheben ist hier das gesellschaftskritische Anliegen der Autorin; sie richtet ihre Kritik gegen die standesstolze Gutsbesitzerklasse des Posener Landes und den Aberglauben der Landbevölkerung. Das aufstrebende Neue ist im Bündnis eines Verwalters mit der Tochter des Gutsherrn verkörpert.

Weit naturalistischer sind einige Einakter, die zum Zyklus »Der Kampf um den Mann« (1905) gehören. Drei dieser Stücke spielen in Berlin und sind zumeist im Dialekt geschrieben. In »Fräulein Freschbolzen« wird das Schicksal der Näherinnen in der Großstadt beleuchtet und der vergebliche Kampf der schon etwas älteren Hauptperson um einen Mann geschildert. In dem Drama »Eine Zuflucht« wird das Treiben in einem Frauengefängnis beschrieben. Bemerkenswert ist die ablehnende Haltung der Gefangenen gegenüber den Damen, die als Delegierte des ›Vereins zur Fürsorge für entlassene weibliche Strafgefangene‹ sich um sie kümmern wollen; der Skeptizismus der Autorin in Hinsicht auf die Bemühungen dieser Vereine tritt klar zutage. In dem Volksstück »Mutter« begegnet uns eine Grünkramhändlerin, die ihren Sohn als Lockvogel für die Dienstmädchenkundschaft der Umgegend gebraucht; die Milieuzeichnung ist vortrefflich, und der Kampf um den Mann endet mit einer positiven Note.

Der letzte der Einakter dieses Zyklus' ist der künstlerisch gelungenste. Er trägt den Titel »Die Bäuerin« und spielt in einem katholischen Dorf in den ehemaligen deutschen Ostprovinzen. Behandelt wird wiederum das Thema des Mannes zwischen den Frauen; eine hat er geheiratet, die andere geliebt, und während er im Sterben liegt, ringen beide um ihn. Ein dramatisches Geschehen ist hier auf die

Schlußszene reduziert worden, die überzeugend wirkt und sich auch auf der Bühne durchsetzen konnte.

Uraufführungen
»Barbara Holzer«, 6. Juni 1897, Breslau (Lobe-Theater). »Pharisäer«, 17. Okt. 1899, Bremen (Stadttheater). »Die Bäuerin«, 18. Febr. 1905, Dresden (Residenztheater). »Fräulein Freschbolzen«, »Eine Zuflucht«, »Mutter«, 14. Juni 1905, Nürnberg (Apollotheater).

Erstdrucke
»Barbara Holzer«. Berlin: F. Fontane & Co. 1897. »Pharisäer«. Ebda. 1899. »Der Kampf um den Mann«. Berlin: E. Fleischel & Co. 1905.

Selbstzeugnisse
Die drei Brauten, Berlin 1909. Clara Viebig (Deutsche Dichterhandschriften 4), 1920.

Literatur

Steiger, Bd. 2, 1898, S. 319–321.
Wolff, 1901, S. 329–333.
Lothar, 1905, S. 196–198.
Stern, 1909, S. 413–414.
G. Scheuffler, C. V. Zeit und Jahrhundert, 1927.
O. S. Fleissner, Ist C. V. konsequente Naturalistin?, in: PMLA, 46 (1931), S. 917–929.
A. Schneider, C. V. (1860–1952). Esquisse biographique et bibliographique, in: Annales Universitatis Saraviensis, Jg. 1 (1952), S. 392–400.
Soergel/Hohoff, 1961, S. 308–314.
U. Michalska, C. V., Poznań 1968, S. 25–26.
D. S. Dedner, From Infanticide to Single Motherhood: The Evolution of a Literary Theme in the Works of C. V., Ph. D. Diss. Indiana Univ. 1979.

Der Frankfurter Schriftsteller *Ludwig Fulda* (1862–1939) war zuerst ein Schüler Paul Heyses; er setzte sich für Ibsen ein und geriet all mählich in den Bannkreis der Berliner »Moderne«. Nach 1889 gehört er zum Gefolge Hauptmanns und Sudermanns. Zu dieser Zeit entstehen seine naturalistischen Dramen: »Das verlorene Paradies« (1890) und »Die Sklavin« (1891). Das erste ist ein soziales Schauspiel, das andere ein bürgerliches Ehestück. Im »Verlorenen Paradies« wird der Gegensatz zwischen Arbeit und Kapital herausgearbeitet: in der Anlage der Handlung, der Personenkonstellation und mittels einer direkten Gegenüberstellung von Vertretern beider Klassen. Der wegen nicht bewilligter Lohnforderungen ausgebrochene Konflikt wird mit Hilfe der Fabrikantentochter gelöst, die sich dem aus Proletarierkreisen stammenden Werkführer zuneigt.

Dadurch wird den Ereignissen nicht nur der Stempel des Unwahrscheinlichen, sondern auch des Sentimentalen aufgedrückt; dieser sentimentale Zug wird noch unterstrichen, wenn Fulda (wie Wichert in der »Fabrik zu Niederbronn«) zu verstehen gibt, daß das »Verlorene Paradies« für arm und reich die gute alte Zeit ist. Das mag darauf hindeuten, daß Fuldas Schaffen keiner echten Parteinahme entsprang, sondern daß er der literarischen Mode folgte. In diesem Sinne sind seine Bestrebungen auch in der Nachkriegszeit gedeutet worden (s. Hamann/Hermand).

Das gilt auch für »Die Sklavin«, in der eine »hörige« Frau das Ehejoch abschüttelt und sich dazu entschließt, mit ihrem Verehrer in freier Liebe zusammenzuleben. Sie bleibt jedoch ein schwaches Abbild des Ibsenschen Vorbildes. Weder sie noch das sentimentale Ende vermögen zu überzeugen. Bald darauf erschien »Der Talisman« (1892), ein dramatisches Märchen, mit dem Fulda einer neuen literarischen Tendenz, der des Märchendramas, huldigte.

Uraufführungen
»Das verlorene Paradies«, 1. Nov. 1890, Berlin (Dt. Theater). »Die Sklavin«, 31. Okt. 1891, Berlin (Dt. Theater).

Erstdrucke
»Das verlorene Paradies«, 1892. »Die Sklavin«, 1892. – Beide bei J. G. Cotta in Stuttgart erschienen.

Selbstzeugnisse
Aus meiner Studienzeit, in: VKMH, Jg. 47 (1932/1933), S. 265–269. L. F. Briefwechsel 1882–1939, hrsg. von B. Gajek und W. v. Ungern-Sternberg, Tl. 1, 1988.

Literatur

Kirchner, 1893, S. 226–227.
Hanstein, 1900, S. 214–216, 226–227.
E. Stockton Meyer, L. F., in: The Nation, 74 (1902), S. 248–250.
Arnold, 1908, S. 299–301 et passim.
Mamroth, 1908, S. 63–68, 106–109.
Brahm, 1913, S. 373–376.
A. Klaar, L. F. Leben und Lebenswerk, 1922.
Kniffler, 1929, S. 27–28.
Hamann/Hermand, 1959, S. 250–251.
Mehring, 1961, S. 393–395.

Eine Sonderstellung nimmt neben diesen Autoren *Ernst von Wildenbruch* ein. Zu den Naturalisten kann man ihn nicht zählen, doch hat er sich für kurze Zeit dem Naturalismus zugewandt. Eine

Arbeit über sein Verhältnis zu dieser Kunstrichtung liegt nicht vor; die Dissertation von E. A. Morgan, die in den Nachschlagewerken (Kosch, Körner) unter dem Titel »W. as a Naturalist« (1930) erscheint, erwies bei der Nachprüfung als eine Studie über Wildenbruchs Nationalismus (»W. as Nationalist«). Wildenbruch (s. S. 14 f.), der zur Zeit der naturalistischen Erfolge im Auswärtigen Amt tätig war, wollte der jüngeren Generation zeigen, daß auch er wirkungsvolle Gegenwartsdramen schreiben konnte. Das Resultat seiner Bemühungen war zunächst das Schauspiel »Die Haubenlerche« (1891). Es geht in diesem Stück um die »Irrungen, Wirrungen« eines sozialbewußten Fabrikbesitzers, der eine Arbeiterin zu seiner Frau erheben will, dabei mit seinem Bruder in Konflikt gerät und schließlich an der Seite einer Verwandten einer neuen Zeit entgegengeht. Der ideelle Kern dieses Stückes berührt die soziale Frage. Wildenbruch vertritt die Ansicht, daß nicht nur der Staat durch Gesetze dieses Problem zu lösen habe, sondern daß jeder einzelne sich damit auseinandersetzen müsse. Er bemühte sich, dem Dialog eine naturalistische Färbung zu geben, doch was dabei herauskam, war nichts anderes als eine flüssige realistische Bühnenprosa, von theatralischen Gesten begleitet.

Im Jahre 1892 wurde in Berlin Wildenbruchs anderes soziales Stück, »Meister Balzer«, aufgeführt. Schon der Titel verrät die Nähe zu Kretzers Roman »Meister Timpe« (1888). Ähnlich wie dort wird der Konflikt zwischen Kunsthandwerk und Fabrikbetrieb gestaltet; anstelle des Tischlers tritt ein Uhrmacher, anstelle des tragischen Endes eine Effekt- und Rührszene: Meister Balzer und sein Geselle werden in der Fabrik Arbeit finden, der Geselle wird des Meisters Tochter heiraten; die sich bereits abzeichnende Katastrophe und das eigentliche Problem, der Untergang des selbständigen Handwerkers, werden im letzten Moment umgangen. Wildenbruch teilte nicht den Pessimismus der Naturalisten und konnte sich deren Anschauungen nicht zu eigen machen. Nach dem mißlungenen Versuch, im Märchenschwank »Das heilige Lachen« (1892) den Naturalisten seinen Optimismus entgegenzustellen, wandte er sich wieder seiner eigentlichen Domäne, dem vaterländischen Geschichtsdrama (s. dazu F. Sengle), zu.

Uraufführungen
»Die Haubenlerche«, 20. Sept. 1890, Berlin (Dt. Theater). »Meister Balzer«, 2. Nov. 1892, Berlin (Schauspielhaus).

Erstdrucke
»Die Haubenlerche«, 1891. »Meister Balzer«, 1893. – Beide bei Freund & Jeckel in Berlin erschienen.

Sammelausgabe
Ges. Werke, hrsg. von B. Litzmann, 17 Bde. 1911/1919.

Literatur

K. Kühles, Unmoral und Realität in W's »Haubenlerche«, in: Ges., Jg. 7 (1891), 2. Qu., S. 541–544.
Kirchner, 1893, S. 221–222, 225–226.
F. Mauthner, Zum Streit um die Bühne, 1893, S. 43–48.
Hanstein, 1900, S. 213 et passim.
S. Lublinski, W. als Dramatiker, in: LE, Jg. 3 (1901), Sp. 729–744.
Wethly, 1903, S. 123–132.
L. Flatau-Dahlberg, Der Wert des Monologs im realistisch-naturalistischen Drama der Gegenwart, Diss. Bern 1907, S. 56–74.
Mamroth, 1908, S. 56/60.
J. Röhr, W. als Dramatiker, 1908.
H. Bulthaupt, Dramaturgie des Schauspiels, Bd. 4, 1909, S. 209–370 et passim.
Stern, 1909, S. 50–53.
A. Klaar, E. v. W., in: BJb., Bd. 15 (1910), S. 286–297.
Soergel, 1911, S. 73–81.
Brahm, 1913, S. 1–5 et passim.
B. Litzmann, E. v. W., Bd. 1 (1845–1885), 1913, Bd. 2 (1885–1909), 1916.
L. Geiger, E. v. W., in: LE, Jg. 20 (1917/18), S. 382–391.
B. Koch, Die Technik in den Dramen W's, Diss. Münster 1923.
Naumann, 1923, S. 41–43.
H. Maync, Deutsche Dichter, 1928, S. 259–304.
Kniffler, 1929, S. 17–20.
U. Mannes, E. v. W's dramatische Technik, Diss. Jena 1954.
F. Sengle, Das deutsche Geschichtsdrama, 1952, S. 182–185.
Fechter, 1957, S. 18–26.
Mehring, 1961, S. 108–115 et passim.

In Süddeutschland waren es Cäsar Flaischlen, Ernst Rosmer und Josef Ruederer, die unter dem Banner des Naturalismus einige Erfolge errangen. Ausgenommen die Dissertation von M. Dirrigl über Ruederer (1949), in der im Hinblick auf die erste Schaffensperiode lediglich die Nähe zum Naturalismus konzediert wird, müssen wir auch bei diesen Autoren, was umfassende Darstellungen ihres Dramenwerks betrifft, auf Arbeiten aus den 20er Jahren verweisen. Die Ausführungen J. M. Bauers über Ruederer (1961) entbehren der wissenschaftlichen Note, bieten jedoch einige aufschlußreiche Einsichten. Besonders zu vermerken sind nur noch Hamann/Hermands Bemerkungen über die Sprachgestaltung im Werke Rosmers.

Der Schwabe *Cäsar Flaischlen* (1864–1920) hat in der Literaturgeschichte hauptsächlich aufgrund seines lyrischen Schaffens und seiner Redaktionsarbeit an der Zeitschrift ›Pan‹ seinen Platz behaupten können. Zur Zeit des Naturalismus ist er auch durch die Bühnenwerke »Toni Stürmer« (1891) und »Martin Lehnhardt« (1895) bekannt geworden. Die Alltagsgeschichte »Toni Stürmer«, deren Konflikt darin besteht, daß die Hauptperson, der der Frühling zu sehr im Blute rumort, ihre Verlobung rückgängig macht, kann schwerlich als vollgültiges naturalistisches Drama betrachtet werden, wohl aber »Martin Lehnhardt«. Dieses Werk, das den Einfluß Ibsens und Nietzsches auf den Autor klar erkennen läßt, entwickelt in der Hauptsache »le thème effleuré par Hauptmann dans les premières scènes de »Einsame Menschen«« (Benoist-Hanappier). Es ist das Thema des Glaubenskonflikts der Jüngstdeutschen, ihr Ringen um Gott und ihr Kampf gegen die Orthodoxie der Theologen, das hier widergespiegelt wird. Zwei Vollnaturen stehen sich in Flaischlens Drama gegenüber, der eine ein glaubensfester Pfarrer, der andere ein freisinniger »Trotzdem-Christ«, und behaupten ihre Position. Obwohl die Sprache natürlich wirkt, war es lediglich die gedankliche Konstellation, die den Erfolg dieses Werkes sicherstellte.

Uraufführung
»Martin Lehnhardt«, 1. Dez. 1895, Leipzig (Literarische Gesellschaft).

Erstdrucke
»Toni Stürmer«, 1891. »Martin Lehnhardt«, 1895. – Beide bei F. Fontane & Co. in Berlin erschienen.

Selbstzeugnisse
Aus den Lehr- und Wanderjahren des Lebens. 1900.

Literatur

Kirchner, 1893, S. 94–98.
Steiger, Bd. 2, 1898, S. 291–296.
Gottschall, 1900, S. 103–104.
G. Muschner-Niedenführ, C. F., 1903.
Benoist-Hanappier, 1905, S. 80–81.
Lothar, 1905, S. 173–174.
Soergel, 1911, S. 547–556.
F. Thiess, C. F., 1914.
A. Böck, C. F., Diss. Wien 1921.
G. Stecher, C. F. Kunst und Leben, 1924.
Mohme, 1927, S. 6–7.

Ernst Rosmer (Ps. für Elsa Bernstein, 1866–1949), die Tochter des Musikschriftstellers Heinrich Porges, agierte zunächst als Schauspielerin, doch machte ein Augenleiden ihre Hoffnungen auf eine Theaterkarriere zunichte. Nach ihrer Genesung heiratete sie Max Bernstein, einen Münchener Juristen und Schriftsteller, und ließ ihren literarischen Neigungen freien Lauf. In der Geschichte der deutschen Literatur ist sie als Hauptmann-Epigonin bekannt geworden, doch trifft diese Einschätzung bei ihr in viel geringerem Maße zu als bei Hirschfeld. Ihre für den Naturalismus wichtigste Bühnendichtung, das Schauspiel »Dämmerung« (1893), ist zugleich ihr wertvollstes Werk. Davor war das Erstlingsdrama »Wir Drei« (1893) erschienen, ein dem Epischen stark verhaftetes Stück, das mit einer bewußt zur Schau gestellten Offenheit in Hinsicht auf das Geschlechtliche mit den Tendenzen des Naturalismus nur liebäugelte. Anders dagegen war es mit »Dämmerung«. Die Lebensechtheit der Hauptgestalten und der Sprache, die Sicherheit, mit welcher Milieu und Atmosphäre wiedergegeben werden, die Natürlichkeit der Vorgänge, all das besticht in diesem Drama. Es besteht aus einer Reihe von Genrebildern, die »von Gerhart Hauptmann sein könnten« (P. Schlenther), in denen jedoch der der Dichterin eigene »lyrische Grundton« (R. Lothar) deutlich vernehmbar ist und die Eigenständigkeit wahren hilft. Es handelt sich in »Dämmerung« um die Darstellung des Schicksals eines verwitweten Künstlers, der zwischen der erblindenden Tochter, die seine Liebe heischt, und seiner Geliebten wählen muß; er entscheidet sich für die Tochter. Auf der Bühne war dem Werk Erfolg beschieden, und die Autorin wurde dadurch als naturalistische Dramatikerin bekannt. Ein Blick auf ihre weitere dichterische Entwicklung zeigt zwar, daß sie auch weiterhin im Gefolge Hauptmanns blieb, sich aber nicht den naturalistischen Prinzipien für immer verschrieben hatte. Sie schuf Künstler- und Griechendramen, denen man bisweilen die naturalistische Herkunft ihres Schöpfers anmerkt, die aber sonst kaum etwas mit dieser literarischen Bewegung gemein haben.

Uraufführung
»Dämmerung«, 30. März 1893, Berlin (Freie Bühne).

Erstdrucke
»Wir Drei«. München: Dr. E. Albert & Co. 1893.
»Dämmerung«. Berlin: S. Fischer 1893 (auch in FB, Jg. 4).

Selbstzeugnisse
Geistiges und künstlerisches München in Selbstbiographien, hrsg. von W. Zils. 1913, S. 24–25.

Literatur

W. Bölsche, »Dämmerung«, in: FB, Jg. 4 (1893), 1. und 2. Qu., S. 462–466.
P. Schlenther, Was kann dich in der »Dämmerung« so ergreifen?, in: MfL, Jg. 62 (1893), S. 222–223.

Steiger, Bd. 2, 1898, S. 324–330.

H. Landsberg, E. R., in: NuS, Bd. 89 (1899), S. 180–188.

Hanstein, 1900, S. 317–320.

Benoist-Hanappier, 1905, S. 82–83.

Lothar, 1905, S. 163–168.

Arnold, 1908, S. 303–307 et passim.

Soergel, 1911, S. 359–361.

Kerr, 1917, Bd. I, S. 315–318.

K. Wiener, Die Dramen E. Bernsteins, Diss. Wien 1923 (Masch.).

Bab, 1925, S. 690–692.

Guntrum, 1928, S. 23–24.

Maleczek, 1928, S. 42–43 et passim.

Kauermann, 1933, S. 101–105.

D. Dibelius, Die Exposition im deutschen naturalistischen Drama, Diss. Heidelberg 1935, passim.

Bleich, 1936, S. 43–47 et passim.

Boulby, 1951, S. 398–399.

Hamann/Hermand, 1959, S. 293–294 et passim.

Mehring, 1961, S. 396–398.

Schley, 1967, S. 102–104.

Marshall, 1982, S. 211–218.

Giesing, 1984, S. 186–190.

N. J. F. Pierce, Woman's Place in German Turn-of-the-Century Drama: The Function of Female Figures in Selected Plays by G. Hauptmann, F. Wedekind, R. Huch und E. Bernstein, Ph. D. Diss. Univ. of California 1988.

In München traten auch *Josef Ruederer* (1861–1915) und *Anna Croissant-Rust* (1860–1943) mit dramatischen Arbeiten hervor. Beide bemühten sich, die Welt der bayrischen Gebirgsbauern mit veristischen Mitteln darzustellen. Während das Volksdrama »Der Bua« (1897) der Croissant-Rust gegen Ende in eine Mord- und Totschlagsaktion ausartet, bleiben die Geschehnisse in Ruederers Bauernkomödie »Die Fahnenweihe« (1895) im Rahmen des Möglichen angesiedelt. Auch ist in der »Fahnenweihe« eine satirische Funktion spürbar, insofern nämlich Ruederer die dörflichen Amtspersonen und Würdenträger und auch die »biederen« Bauern aufs Korn nimmt und sie der Lächerlichkeit preisgibt; allerdings ist es ein bitteres Lächeln, das er uns entlockt, weil im Grunde alles vom Pessimismus umfangen bleibt.

Zu J. Ruederer

Uraufführung
»Die Fahnenweihe«, 29. Nov. 1896, Berlin (Dramatische Gesellschaft).

Erstdruck
»Die Fahnenweihe«. München: C. Rupprecht 1895.

Selbstzeugnisse
Geistiges und künstlerisches München in Selbstbiographien, hrsg. von
W. Zils. 1913, S. 307–310.

Sammelausgabe
Werkausgabe, 5 Bde., hrsg. von H.-R. Müller, 1987.

Literatur

Steiger, Bd. 2, 1898, S. 315–316.
Ders., J. R., in: LE, Jg. 18 (1915/16), Sp. 265–271.
R. Prévôt, J. R., in: LE, Jg. 11 (1908/1909), Sp. 693–698.
Kerr, 1917, Bd. I, S. 285–289.
Holl, 1923, S. 318–320.
E. Gudenrath, Das dramatische Werk von J. R., Diss. München 1924
　　(Masch.).
M. Halbe, Sämtl. Werke, Bd. 2, 1945, S. 160–165 et passim.
M. Dirrigl, Die geistige und künstlerische Entwicklung J. R's, Diss. München
　　1949 (Masch.).
J. M. Bauer, Thoma contra Ruederer, in: Das Komödi-Spielen (Unbekanntes
　　Bayern, Bd. 6), hrsg. von A. Fink, 1961, S. 225–241.
Soergel/Hohoff, 1961, S. 636–640.
L. Schrott, J. R., in: Bayrische Literaturgeschichte in ausgewählten Beispie-
　　len, Bd. II, hrsg. von E. Dünninger u. D. Kiesselbach, 1967, S. 326–335.
H.-R. Müller, Nachwort zum Bd. Theaterstücke der Werkausgabe, 1987,
　　S. 289 ff.
Haida, 1989, S. 263–264.

Zu A. Croissant-Rust

Erstdruck
»Der Bua«. Berlin: Schuster & Loeffler 1897.

Literatur

Steiger, Bd. 2, 1898, S. 321-323.
Wolff, 1901, S. 303–305.
P. Bornstein, A. C.-R., in: LE, Jg. 9 (1906/07), Sp. 924–933.
Soergel, 1911, S. 259–264.

Etwas abseits von diesen Autoren steht *Oskar Panizza* (1853–1921),
mit dem sich in den 80er Jahren vornehmlich M. Bauer und
P. D. Brown befaßt haben. Panizza betätigte sich zunächst als Irren-
arzt, fand aber bald Anschluß an die Münchener »Moderne«. Was

ihn mit den Naturalisten verband, war seine Kritik an den kirchlichen Institutionen und am Christentum überhaupt. Nachdem er sich in einigen antikatholischen Schriften mit dem Papsttum auseinandergesetzt und auch einen dramatischen Versuch (»Der heilige Staatsanwalt«) veröffentlicht hatte, folgte 1895 sein Hauptwerk: »Das Liebeskonzil«. In diesem Stück, das den Ausbruch der Syphilis im Jahre 1495 veranschaulicht, werden Schlaglichter auf das Treiben der Borgia geworfen und wird die christliche Trinität verspottet. Daß die Obrigkeit gegen dieses Werk einschreiten würde, lag auf der Hand. Panizza wurde zu einer Gefängnisstrafe verurteilt, die ihn so hart mitnahm, daß er nach der Entlassung zu künstlerischen Höhenflügen kaum noch fähig war. Er schrieb noch einige für den Naturalismus unbedeutende Werke und endete schließlich in geistiger Umnachtung.

Erstdrucke
»Der heilige Staatsanwalt«. Leipzig: W. Friedrich 1894. »Das Liebeskonzil«. Zürich: Verlags-Magazin 1895.

Selbstzeugnisse
Meine Verteidigung in Sachen »Das Liebeskonzil«, nebst dem Sachverständigen-Gutachten von M. G. Conrad und dem Urteil des königl. Landgerichts München I. Zürich: Verlags-Magazin 1895.

Sammelausgabe
»Das Liebeskonzil und andere Schriften«, hrsg. von H. Prescher (mit Nachwort und Bibliogr.). 1964.

Literatur

Th. Lessing, Der Fall P.: Eine kritische Betrachtung über »Gotteslästerung« und künstlerische Dinge vor Schwurgerichten, 1895.
H. H. Houben, Verbotene Literatur, 1924, S. 521–523.
F. Lippert und H. Stobbe, In memoriam O. P., 1926.
Fechter, 1938, S. 247–248.
M. Halbe, Sämtl. Werke, Bd. 2, 1945, S. 77–82 et passim.
W. Mehring, Die verlorene Bibliothek. Autobiographie einer Kultur, 1952, S. 55–62.
K. Tucholsky, Ges. Werke, 1960/61, Bd. I, S. 474–478, 696–698, Bd. II, S. 1338–1343.
M. Krell, Das alles gab es einmal, 1961.
A. Skriver, Gotteslästerung?, 1962, S. 64–74.
H. R. Hesse, Gott in Person. Seine Gestalt im modernen deutschen Drama, 1969, S. 9–34.
W. L. Kristl, Der Pamphletist O. P., in: Börsenblatt für den Deutschen Buchhandel (Frankfurter Ausg.), Jg. 28 (1972), A 177–188.

W. Rösler, Ein bißchen Gefängnis und ein bißchen Irrenhaus: Der Fall O. P.,
in: SuF, 32 (1980), S. 840–855.

M. Soceanu, O. P's Kampf um den Glauben, in: Colloquia Germanica, 14
(1981), S. 142–157.

P. D. Brown, O. P.: His Life and Works, 1983.

M. Bauer, O. P., 1984.

B. Spies, O. P's »Liebeskonzil« und die Geschichte der Religionssatire, in: Literatur für Leser, 1988, H. 1, S. 52–64.

Der Fall P.: Ein deutscher Dichter im Gefängnis, hrsg. von K. Boeser, 1989.

Unter den österreichischen Naturalisten ragt *Philipp Langmann*
(1862–1931) hervor. R. Riedl (1947) hat sein Werk näher untersucht
und das Eintreten des Dichters für das Proletariat gepriesen. Seinen
Beitrag zum naturalistischen Drama leistete er während der frühen
Phase seines literarischen Schaffens, beschränkte sich aber auf die
Aufnahme sozialer Themen und das Eintreten für die Belange der Arbeiter. Langmann war Mitte der neunziger Jahre als Fabrikleiter in
seiner mährischen Heimat tätig gewesen; er hatte einige kürzere Pro-
saarbeiten veröffentlicht und trat 1897 mit dem Bühnenwerk »Bartel
Turaser« auf den Plan. Dieser »Tragödie proletarischer Gesinnung«
(C. Kniffler) war ein starker Erfolg beschieden; es wurde als das öster-
reichische Seitenstück zu den »Webern« verstanden. Ein Blick auf das
Werk zeigt, daß es ohne das Hauptmannsche Vorbild wohl kaum so,
wie es uns vorliegt, gestaltet worden wäre; nicht nur tauchen Motive
aus den »Webern« auf, sondern man stößt auch auf solche aus anderen
Werken Hauptmanns (z. B. aus der »Versunkenen Glocke« und aus
»Bahnwärter Thiel«). Im Mittelpunkt steht die Streikaktion der Ar-
beiterschaft einer Fabrik des mährischen Reviers. Sie wollen einen
»Leuteschinder« zu Fall bringen, doch Turaser, der die Entscheidung
herbeiführen könnte, unterliegt dem Drang der Armut, der Rede seiner Frau und der Lockung des Geldes; er sagt vor Gericht falsch aus.
Später empfindet er den Tod seiner beiden Kinder als einen durch das
Übersinnliche verhängten Geltungsakt und will seine Schuld büßen.
So wird aus dem anfänglichen Streikdrama eine Charaktertragödie.
Zwar gibt es in diesem Stück einige Rührszenen, doch bleibt es im Na-
turalismus verankert. Bedauerlich ist nur, daß der Autor die Fabrikar-
beiter selten wie Proletarier sprechen läßt.

Die anderen dramatischen Arbeiten Langmanns sind für unsere
Zwecke von nur geringer Bedeutung. Erwähnenswert ist lediglich
das Drama »Korporal Stöhr« (1901), in dem ein »Revoluzzer« nach
Ableistung des Militärdienstes in sein Heimatdorf zurückkehrt, die
verworrenen häuslichen Verhältnisse in Ordnung bringt, doch mit
seinen Sozialisierungsplänen (Gründung einer Arbeitergenossen-
schaft) scheitert.

Uraufführungen
»Bartel Turaser«, 11. Dez. 1897, Wien (Dt. Volkstheater). »Korporal Stöhr«, 26. Sept. 1901, Wien (Raimundtheater).

Erstdruck
»Bartel Turaser«. Leipzig: Rob. Friese 1897 (zuvor in Ges., Jg. 12). »Korporal Stöhr«. Stuttgart: J. G. Cotta 1901.

Literatur

H. Merian, Der Dichter des Arbeitslebens, in: Ges., Jg. 13 (1897), S. 385–390.
H. Sittenberger, Das dramatische Schaffen in Österreich, 1898, S. 422–426.
Bahr, 1899, S. 405–411.
Ders., 1903, S. 419–422.
F. Lemmermeyer, P. L., in: LE, Jg. 2 (1899/1900), Sp. 679–684.
Gottschall, 1900, S. 101–103.
Kienzl, 1905, S. 314–318.
Mamroth, 1908, S. 302–303.
Stern, 1909, S. 135–138..
Kniffler, 1929, S. 49–51.
Bleich, 1936, S. 38–39 et passim.
K. Kreisler (u. a.), in: Nagl/Zeidler/Castle, Bd. 4, 1937, S. 1364–1365 et passim.
R. Riedl, P. L. Leben und Werk, Diss. Wien 1947 (Masch.).
Marshall, 1982, S. 251–259.

Neben Langmann sind es *Marie Eugenie delle Grazie* (1864–1931) und *Ferdinand Bronner* (1867–1948), die Beachtung verdienen. Von der Forschung sind sie seit den Tagen Nagl/Zeidler/Castles (1937) kaum beachtet worden. Lediglich M. Mayer-Flaschberger hat in den 80er Jahren eine Studie über Marie Eugenie delle Grazie vorgelegt, in der auch ihre zeitweise Nähe zum Naturalismus konzediert wird. Die aus Weißkirchen/Ungarn stammende Schriftstellerin veröffentlichte mit 18 Jahren ihre erste Gedichtsammlung, danach versuchte sie sich mit wechselndem Erfolg in Epos und Drama, Novelle und Erzählung; außerdem trieb sie geschichtliche und soziologische Studien. Das Echo marxistischer Ideen läßt sich in ihrer »Moralischen Walpurgisnacht« (1896) wahrnehmen, einer in gebundener Sprache geschriebenen Gesellschaftssatire, in der zum Schluß ein Arbeiterheer über die Bühne zieht und »rote, im Wind aufflatternde Banner« (S. 43) mit sich führt. Ihr eigentlicher Beitrag zum Naturalismus ist das an Björnson und Zola gemahnende Bergarbeiterstück »Schlagende Wetter« (1899). Der Autorin ging es nicht so sehr um das Elend der Bergleute und ihrer Angehörigen, als um den Gegensatz zwischen Kapital und Arbeit. Das Drama spielt in einem österreichischen Gebirgsdorf, in dem die Belegschaft eines Kohlenbergwerkes die Arbeit in einem als unsicher geltenden Schacht zuerst verweigert, dann durch den Bergwerksbesitzer zur Arbeit gezwungen wird und schließlich bei einem Grubenunglück ein Opfer der Naturkräfte wird. Gegen Ende tritt der melodramatische Zug, der dem Werk eignet, stark hervor.

Uraufführung
»Schlagende Wetter«, 27. Okt. 1900, Wien (Dt. Volkstheater).

Erstdrucke
»Moralische Walpurgisnacht«, 1896. »Schlagende Wetter«, 1899. – Beides bei Breitkopf & Härtel in Leipzig erschienen.

Selbstzeugnisse
Mein Lebensweg, in: Ges., Jg. 11 (1895), S. 655–660 (erweitert in: Sämtl. Werke, Bd. 9).

Gesamtausgabe
Sämtl. Werke. 9 Bde. 1903/04.

Literatur

H. Benzmann, M. E. d. G., in: LE, Jg. 3 (1900/01), Sp. 888–893.
R. Steiner, M. E. d. G., in: MfL, Jg. 69 (1900), Sp. 913–919, 937–942.
B. Münz, M. E. d. G. als Dichterin und Denkerin, 1902.
H. Widmann, M. E. d. G., 1903.
Lothar, 1905, S. 259–262.
F. Milleker, M. E. d. G. Ihr Leben und ihre Werke, 1922.
H. Nordeck, M. E. d. G., in: Hochland, Jg. 24 (1926/27), Bd. 2, S. 661–663.
Kniffler, 1929, S. 51–52.
A. Wengruf, M. E. d. G., 1932.
M. Zenner, M. E. d. G., Diss. Wien 1932 (Masch.).
E. Castle, in: Nagl/Zeidler/Castle, Bd. 4, 1937, S. 1940–1944 et passim.
M. Mayer-Flaschberger, M. E. d. G. (1864–1931), 1984.

Ferdinand Bronner ist in der Literatur unter dem Pseudonym *Franz Adamus* bekannt geworden. Für die Geschichte des Naturalismus ist sein Drama »Familie Wawroch« (1899) wichtig. Es gehört zum Dramenzyklus »Jahrhundertwende« (1899/1905) und ist eines der Grubenarbeiterstücke, die sich auf Zolas »Germinal« stützen. Daneben hat es vom österreichischen Volksstück und dem frühen Schaffen Hauptmanns starke Impulse empfangen. Im Zentrum dieses die verschiedensten Dialekte der Donaumonarchie verwendenden Stückes steht eine Streikaktion in einigen Hüttenbetrieben des schlesisch-mährischen Distrikts. Wie in Hauptmanns »Webern« wird hier gegen die Streikenden Militär eingesetzt; der Streik wird niedergeschlagen und die Position der Hüttenbesitzer gesichert.

Eng verbunden mit diesen Vorgängen ist die Familientragödie einiger Hauptpersonen: Vater und Sohn stehen sich als Streikender bzw. Soldat gegenüber, und die Kugel des Sohnes tötet den Vater. Neben dem Motiv des Vatermordes (das auch vom Sohn des Dichters, Arnolt Bronnen, verwendet wurde) rankt sich eine Fülle von anderen Motiven und Episoden um die Haupthandlung. Das Milieu und Elend der Arbeiterfamilien wird in aller Breite geschildert, desgleichen die sozialdemokratischen Versammlungen. Von daher kommt es, daß Bronners Drama überladen wirkt und trotz einiger guter Szenen zu keiner Wirkung gelangen konnte. Obwohl sich einflußreiche Kritiker und Theaterfachleute (u. a. Alfred von Berger und Ernst von Wolzogen) für das Werk einsetzten, war ihm kein Erfolg beschieden.

Uraufführung
»Familie Wawroch«, 21. April 1900, Wien (Dt. Volkstheater).

Erstdruck
»Familie Wawroch«. Einleitung von E. v. Wolzogen. München: Alb. Langen 1899.

Literatur

H. Sittenberger, »Familie Wawroch«, in: LE, Jg. 1 (1898/99), Sp. 1081–1083.
Wolff, 1901, S. 351–355.
Bahr, 1902, S. 61–66.
Lothar, 1905, S. 238–240.
Arnold, 1908, S. 240–242.
Kniffler, 1929, S. 40–42.
K. Kreisler, in: Nagl/Zeidler/Castle, Bd. 4, 1937, S. 1382.
Marshall, 1982, S. 259–268.

5. Dem Naturalismus in ihren Anfängen nahestehende Dichter

Von den Dichtern, deren Streben mit anderen literarischen Tendenzen verknüpft ist, die jedoch in ihren Anfängen dem Naturalismus nahestanden, sind zunächst *Ernst von Wolzogen* (1855–1934) und *Wilhelm Weigand* (1862–1949) zu nennen. Wolzogen leistete mit der Tragikomödie »Das Lumpengesindel« (1892) seinen Beitrag zum naturalistischen Drama. In Anlehnung an Henri Murgers »Scènes de la vie de Bohème« (1851) schilderte er in diesem Werk das Treiben jener Künstler- und Literatenkreise, die sich in Berlin um die Brüder Hart (im Drama heißen sie Kern) geschart hatten. Im Mittelpunkt dieser zwar nicht sehr dramatischen, aber in naturalistischer Manier gezeichneten Bilderfolge steht die Ehefrau eines der Brüder mit ihrer Antipathie gegen das ständige Zusammenleben mit anderen und ihrer Furcht vor der möglichen Entdeckung, daß sie einst eine Liebschaft mit einem der Künstler gehabt hat; es kommt schließlich zu einer klärenden Unterredung, die das Eheleben der Gatten etwas normalisiert. Das Los des Geistesproletariers, dessen Werke nicht hoch im Kurs stehen, wird in diesem literargeschichtlich interessanten, doch wenig beachteten Drama beleuchtet.

Uraufführung
»Das Lumpengesindel«, 31. Januar 1892, Berlin (Wallnertheater).

Erstdruck
»Das Lumpengesindel«, Berlin: F. Fontane & Co. 1892 (zuvor in FB, Jg. 2).

Selbstzeugnisse
Wie ich mich ums Leben brachte: Erinnerungen und Erfahrungen. 1922.

Literatur

O. Brahm, Theater, in: Die Nation, 13. Febr. 1892, Nr. 20, S. 310.
P. Schlenther, Eine theatralische Tat, in: MfL, Jg. 62 (1893), S. 56–58.
K. Martens, E. v. W., in: LE, Jg. 1 (1898/99), Sp. 1263–1268.
Hanstein, 1900, S. 256–261.
O. H. Brandt, E. v. W., in: SL, Jg. 29 (1928), S. 465–470, mit Bibliogr. von E. Metelmann, S. 470–474.
M. Halbe, Sämtl. Werke, Bd. 2, 1945, S. 209–211 et passim.

Im Gegensatz zu Wolzogen war *Weigand* den Naturalisten durchaus gram, doch konnte er sich ihrem Einfluß nicht entziehen. Er schuf u. a. eine Reihe von modernen Gesellschaftsstücken – von denen das parodistisch angelegte »Der Übermensch« (1900) erwähnenswert ist – sowie das Trauerspiel »Florian Geyer« (1901), das etwas stärker als Hauptmanns gleichnamiges Werk wirkt. Doch ist aus seinem dramatischen Schaffen vor allem der Einakter »Der Vater« (1894) wichtig, und zwar wegen der Vererbungsproblematik, die schon Gegenstand einer wissenschaftlichen Untersuchung geworden ist (W. Kauermann). In jüngster Zeit ist dieses Werk als »one of the most effective of all naturalist studies of heredity-determinism« (M. Boulby) gepriesen worden. Der Autor steht hier ganz im Bann von Ibsens »Gespenster«. Er führt das tragische Ende einer degenerierten adligen Familie vor, doch muß hier, in Abweichung von Ibsen, der Vater erkennen, daß er und sein schwächlicher Nachfahr dem Gesetz der Vererbung und den Folgen seines ausschweifenden

Lebenswandels nicht entkommen können; er setzt seinem Leben und dem seines Sohnes ein Ende.

Uraufführung
»Der Vater«, 8. Dez. 1896, Leipzig (Literarische Gesellschaft).

Erstdruck
»Der Vater«. München: H. Lukaschik 1894 (zuvor in Ges., Jg. 10). »Florian Geyer«. Berlin: G. H. Mayer 1901.

Selbstzeugnisse
Welt und Weg: Aus meinem Leben. 1940.

Sammelausgabe
Moderne Dramen (darin auch »Der Übermensch«), 2 Bde. München: H. Lukaschik 1900.

Literatur

Wolff, 1901, S. 291.
W. Holzamer, W. W., in: LE, Jg. 5 (1902/03), Sp. 156–158.
Soergel, 1911, S. 673–679.
H. Brandenburg, W. W., in: NL, Jg. 32 (1931), S. 4–13, mit Bibliogr. von E. Metelmann, S. 13–15.
Kauermann, 1933, S. 105–108.
Boulby, 1951, S. 398–401.

Resoluter als Weigand ging *Frank Wedekind* (1864–1918) mit den Naturalisten ins Gericht. Von der Forschung ist sein Werk viel beachtet worden, auch in jüngster Zeit. Hervorzuheben ist für unsere Belange die Dissertation von J. Jesch (1959), weil darin die Schaffensweise des Dichters mit der Sprachbehandlung in »Vor Sonnenaufgang« verglichen wird. Jesch kommt zu dem Ergebnis, daß vor allem die verschiedenartige Einstellung zur Wirklichkeit die unterschiedliche Gestaltungsweise beider Schriftsteller bedingt hat; im Gegensatz zu Hauptmann könne man bei Wedekind nicht die Hinwendung zur Gegenständlichkeit finden, vielmehr erstrebe er die Dynamisierung der Sprache und die Stilisierung der Wirklichkeit. H. Kaufmann weist in seinen Ausführungen auf die polemische Haltung des Autors gegenüber den Naturalisten hin und meint, diese Haltung sei nicht nur ein starker Impuls für Wedekinds literarische Anfänge gewesen, sondern auch der Grund dafür, daß er in seinen ersten Stücken den Tendenzen des Naturalismus verpflichtet blieb. F. Rothe dagegen spricht kurzerhand vom »antinaturalistischen Stil« Wedekinds und ist bestrebt, die frühen und bekannteren Dramen mit dem Jugendstil und lebensphilosophischen Denken der Jahrhundertwende in Verbindung zu bringen. S. Gittleman unterstreicht die antinaturalistische Haltung Wedekinds, fügt aber hinzu, daß sich gewiß in einem Werk des Autors (»Die Junge Welt«) naturalistische Strukturmerkmale aufweisen lassen.

Der aus Hannover stammende Dichter war seinerzeit vom Vater zum Jurastudium bestimmt worden, doch da dies seinen literarischen Neigungen zuwiderlief, kam es zu einem Zerwürfnis zwischen Vater und Sohn, das durch G. Hauptmann (s. S. 28) Eingang in die Literatur fand, wenn auch in entstellter Weise. Hauptmanns eigenmächtige Verwendung der im Zürcher Dichterkreis erzählten Familiengeschichte war für Wedekind der Antrieb, das Lustspiel »Kinder und Narren« (entstanden 1889) zu schreiben; er setzt sich in diesem Frühwerk, das später den Titel »Die junge Welt« erhielt, mit dem übertriebenen Frauenrechtlertum und anderen Tendenzen der »Moderne« auseinander, desgleichen mit Hauptmann, dessen zur Karikatur verzerrtes Abbild hier erkennen muß, daß mit der Notizbuch-Methode weder dem Leben beizukommen noch ein wahres dichterisches Werk zu schaffen ist. Wedekinds bedeutendster Beitrag zum zeitgenössischen Drama war jedoch nicht diese bereits »deutliche Satire auf die naturalistischen Dichter« (K. Holl), sondern die Kindertragödie »Frühlings Erwachen« (1891): die Wirrnisse der Pubertätsjahre und die möglichen Auswirkungen falscher oder fehlender Geschlechtserziehung werden hier an einem auf wirklichen Begebenheiten basierenden Fall dargestellt. Was das Stofflich-Thematische betrifft, zollte Wedekind hier (und in einigen anderen Werken) dem Naturalismus seinen Tribut, doch darf »Frühlings Erwachen« nur in bedingter Weise mit dieser Kunstrichtung in Verbindung gebracht werden; etwa in dem Sinne, daß hier aus der Folie des Naturalismus ein Werk emporgewachsen war, das ihn zwar nicht verneinte, aber mit seiner symbolistischen Komponente sowie mit den auf den Expressionismus und Surrealismus hinweisenden Zügen Tendenzen vorwegnahm, die erst später in der Geschichte des Dramas fruchtbar werden sollten.

Uraufführungen
»Frühlings Erwachen«, 20. Nov. 1906, Berlin (Kammerspiele). »Die junge Welt«, 22. April 1908, München (Schauspielhaus).

Erstdrucke
»Kinder und Narren«. München: A. Langen 1891 (2. Fassung: »Die junge Welt«. Ebda. 1897). »Frühlings Erwachen«. Zürich: Gross 1891.

Selbstzeugnisse
Ges. Briefe, hrsg. v. F. Strich, 2 Bde, 1924. F. W.: Selbstdarstellung, hrsg. v. W. Reich 1954. Was ich mir dabei dachte, in: Bd. 9 der Ges. Werke (auch in:

F.W., Prosa/Dramen/Verse, 1954, S. 939–969). Die Tagebücher: Ein erotisches Leben, hrsg. von G. Hay, 1986.

Sammelausgaben

Ges. Werke, 9 Bde. 1912/21, Werke, 3 Bde., hrsg. u. eingeleitet von M. Hahn, 1969. Werke, 2 Bde., hrsg. von E. Weidl, 1990.

Literatur

H. W. Fischer, F. W., in: MfL., Jg. 70 (1901), Sp. 417–422.

Wolff, 1901, S. 365–366.

Bahr, 1903, S. 182–191.

R. Elsner, F. W's »Frühlings Erwachen«, 1908.

J. Kapp, F. W. Seine Eigenart und seine Werke, 1909.

H. Kempner, F. W. als Mensch und Künstler, 1909.

L. Pineau, F. W., in: RG, 9 (1913), S. 145–171.

J. Friedenthal (Hrsg.), Das Wedekindbuch, 1914.

Kerr, 1917, Bd. I, S. 202–213, Bd. II, S. 128–169.

A. Kutscher, F. W., in: DBJb., Überleitungsbd. II (1917/20), S. 336–340.

Ders., F. W.: Sein Leben und seine Werke, 3 Bde., 1922, 1927, 1931 (gekürzt hrsg. von K. Ude, 1964).

K. Herbst, Gedanken über F. W's Frühlingserwachen, Erdgeist, Die Büchse der Pandora, 1919.

P. Fechter, F. W. Der Mensch und das Werk, 1920.

Ders., 1957, S. 178–203.

F. Dehnow, F. W., 1922.

H. M. Elster, F. W. und seine besten Bühnenwerke, 1922.

Holl, 1923, S. 326–329.

Naumann, 1923, S. 89–103.

O. Riechert, Studien zur Form des W'schen Dramas, Diss. Hamburg 1923.

H. Hellwig, W's dichterische Anfänge, Diss. Gießen 1928.

F. Strich, Dichtung und Zivilisation, 1928, S. 179–191.

A. R. Vieth, Die Stellung der Frau in den Werken von F. W., Diss. Wien 1939.

M. Halbe, Sämtl. Werke, Bd. 2, 1945, S. 307–317 et passim.

F. W. J. Heuser, G. Hauptmann and F. W., in: GR, 20 (1945), S. 55–68.

M. Gravier, Strindberg et le théâtre moderne: I. L'Allemagne, Lyon u. Paris 1949, S. 71–81.

Dosenheimer, 1949, S. 187–223.

Boulby, 1951, S. 545–549.

F. Gundolf, F. W., hrsg. von E. Gundolf, 1954.

H. L. Schulte, Die Struktur der Dramatik F. W's, Diss. Göttingen 1954.

J. Jesch, Stilhaltungen im Drama F. W's, Diss. Marburg 1959.

K. S. Guthke, Geschichte und Poetik der deutschen Tragikomödie, 1961, S. 327–341 et passim.

Soergel/Hohoff, 1961, S. 656–676 et passim.

A. Natan, F. W., in: German Men of Letters, hrsg. von A. N., London 1963, Bd. II, S. 103–129.

L. Feuchtwanger, F. W., in: NDL, Bd. 12 (1964), Tl. 2, S. 6–21.

E. Force, The Development of W. Criticism, Ph. D. Diss. Indiana Univ. 1964.

G. Seehaus, F. W. und das Theater, 1964.

Ders., F. W. in Selbstzeugnissen und Bilddokumenten, 1974.

P. Michelsen, F. W. in: Dt. Dichter der Moderne, hrsg. von B. v. Wiese, 1965, S. 49–67.

K. Völker, F. W., 1965.

R. M. Hovel, The Image of the Artist in the Works of F. W., Ph. D. Diss. Univ. of Southern Calif. 1966.

H. Kaufmann, Krisen und Wandlungen der deutschen Literatur von W. bis Feuchtwanger, 1966, S. 63–81 et passim.

K. Ude, F. W., 1966.

Markwardt, 1967, S. 628–640 et passim.

F. Rothe, F. W's Dramen. Jugendstil und Lebensphilosophie, 1968.

Ders., »Frühlings Erwachen«. Zum Verhältnis von sexueller und sozialer Emanzipation bei F. W., in: Studi Germanici, 7 (1969), S. 30–41.

S. Gittleman, F. W, New York 1969, S. 38–52.

L. R. Shaw, The Playwright and Historical Change, Madison 1970, S. 49–65.

G. Hensel, Nachwort zu: F. W. »Frühlings Erwachen« (RUB), 1971.

H.-J. Irmer, Der Theaterdichter F. W., Diss. Berlin (Humboldt) 1971 (Masch.).

K. Bullivant, The Notion of Morality in W's »Frühlings Erwachen«, in: NGS, 1 (1973), S. 40–47.

A. D. White, The Notion of Morality in W's »Frühlings Erwachen«: A Comment, in: NGS, 1 (1973), S. 116–118.

A. Best, F. W., London 1975.

D. C. G. Lorenz, W. und die emanzipierte Frau, in: Seminar, 12 (1976), S. 38–56.

H. Wagener, F. W.: Frühlings Erwachen. Erl. u. Dokumente, 1980.

A. K. Kuhn, Der Dialog bei F. W., 1981.

G. Birrell, The Wollen-Sollen Equation in W's »Frühlings Erwachen«, in: GR, 57 (1982), S. 115–122.

H. Vinçon, F. W., 1987.

H. Richter, »Frühlings Erwachen«: F. W. und seine Kindertragödie, in: H. R., Verwandeltes Dasein, 1987, S. 8–28.

P. G. Klussmann, Das dramaturgische Prinzip der Schamverletzung in W's Drama »Frühlings Erwachen«, in: Leroy/Pastor, 1991, S. 373–389.

Von den Schriftstellern, deren Namen besonders mit den impressionistisch-neuromantischen Bestrebungen verbunden sind, die aber in ihrem Frühwerk von dem Kunstwollen der Naturalisten beeinflußt waren, sind hauptsächlich Schnitzler, Keyserling und Rilke zu nennen. Aus der Fülle der Untersuchungen, die in den letzten Jahren über Schnitzler veröffentlicht wurden, sind nur wenige für den Naturalismus im dramatischen Schaffen dieses Autors relevant. Neben der umfassenden Arbeit von F. Derré (1966), die Schnitzlers Beziehung zur naturalistischen Schule auf die unparteiische Behandlung gewisser Zeitprobleme festlegt, sind hier die Ausführungen A. Strokas (1967) und B. Markwardts (1967) erwähnenswert. Während A. Stroka die gesellschaftliche Gebundenheit des Dichters und seiner Gestalten in den frühen Bühnenwerken herausarbeitet und feststellt, daß sich von ihnen aus der Beziehung zum Naturalismus erkennen läßt, grenzt B. Markwardt – dessen Äußerungen jedoch eine verallgemeinernde Bedeutung zukommt – die impressionistische Stimmungsmalerei Schnitzlers vom Kunststreben der Naturalisten scharf ab. Auch eine Bemerkung von M. Swales (1971) verdient Beachtung. Er spricht von Schnitzlers »psychological Naturalism« (bez. »Liebelei«) womit er die Tatsache im Auge hat, daß auch der Intimbereich persönlicher Erfahrung die soziale Situation widerspiegelt. Hinsichtlich der Dramen R. M. Rilkes und Keyserlings sind die Studie von P. Demetz (1953) über Rilkes Frühzeit und der Aufsatz von W. Pusey (1958) über Keyserlings Bühnendichtungen zu vermerken. Demetz bietet eine aufschlußreiche Diskussion über die dramatischen Versuche Rilkes und unterstreicht die oppositionelle Haltung des Dichters gegenüber seiner Prager Umgebung; Pusey gibt eine wertende Übersicht und vermag auch die Eigenart des Keyserlingschen Naturalismus zu erfassen.

Arthur Schnitzler (1862–1931), der in seiner Heimatstadt Wien als Arzt tätig war, hat in der ersten Phase seines Schaffens einige Theaterstücke veröffentlicht, in denen der naturalistische Einfluß spürbar ist. Er zeichnet sich zuerst in den Schauspielen »Das Märchen« (1894) und »Liebelei« (1896) ab. Im »Märchen« wird ein Problem, das mit der Frauenemanzipation verbunden ist, ironisch behandelt: ein Schriftsteller, der gegen allerlei Vorurteile, auch das von der »gefallenen Frau«, ankämpft, muß erfahren, daß er nicht an die wieder gehobene Frau glauben kann. Während es hier zu keiner Sonderung in verschiedene Klassen kommt, lassen sich in »Liebelei« zwei einander gegenüberstehende Gesellschaftsschichten erkennen; die mögliche soziale Anklage bleibt jedoch im Hintergrund. Das Stück führt das Versagen der Liebe zwischen einem Gesellschaftsmenschen Anatolscher Prägung und einem Mädchen aus kleinbürgerlichem Milieu vor und endet tragisch. Obwohl es mit diversen Superlativen (z. B. H. Weigel) belegt worden ist, muß festgehalten werden, daß es, als Ganzes, kaum dramatisch ist; es wird viel geplaudert, die Wiedergabe der Stimmung (auch des Unausgesprochenen im Gespräch) ist wichtig, und zuletzt erhält das Geschehen einen Stich ins Sentimentale.

Etwas stärker dem Naturalismus verhaftet sind die Schauspiele »Freiwild« (1898) und »Das Vermächtnis« (1899). In »Freiwild« setzt sich der Autor für die Rechte von sozial Niedrigstehenden, namentlich den Schauspielerinnen, ein, doch bleibt alles recht konstruiert. Im »Vermächtnis« geht es um die ledigen Mütter: durch einen Unglücksfall des Vaters ihres Kindes beraubt, gerät ein einfaches Mädchen in eine Familie, die den besseren Kreisen angehört; es bleibt eine Außenstehende und sucht den Tod. Abgesehen vom Realismus der Milieuzeichnung und der stärkeren Betonung des Seelisch-Innerlichen, die sich gegen Ende erkennen läßt, ist auf die sozial- und gesellschaftskritische Komponente hinzuweisen; sie ist Schnitzlers stärkstes Zugeständnis an den Naturalismus.

Uraufführungen
»Das Märchen«, 1. Dez. 1893, Wien (Dt. Volkstheater). »Liebelei«, 9. Okt., 1895, Wien (Burgtheater). »Freiwild«, 3. Nov, 1896, Berlin (Dt. Theater). »Das Vermächtnis«, 8. Okt. 1898, Berlin (Dt. Theater).

Erstdrucke
»Das Märchen«. Dresden: Pierson 1894. »Liebelei«. Berlin: S. Fischer 1896. »Freiwild«. Ebda. 1898. »Das Vermächtnis«. Ebda. 1899.

Selbstzeugnisse
Sch's Einzug ins Burgtheater, in: Wiener Studien und Dokumente (K. Glossy), 1933, S. 166–168. Der Briefwechsel A. Sch.-O. Brahm, hrsg. von O. Seidlin, 1953. G. Brandes und A. Sch. Ein Briefwechsel, hrsg. von K. Bergel, 1956. Briefe, hrsg. von H. Schnitzler, in: NR, 68 (1957), S. 88–101. Unveröffentlichte Briefe Sch's an Brahm, hrsg. von H. Schnitzler, in: Kl. Schriften der Ges. für Theatergeschichte, 1958, Heft 16, S. 44–55. Rilke und A. Sch. Ihr Briefwechsel, hrsg. von H. Schnitzler, in: WuW, Jg. 13 (1958), Heft 4, S. 283–298. H. v. Hofmannsthal-A. Sch.: Briefwechsel, hrsg. von T. Nickl und H. Schnitzler, 1964. Jugend in Wien. Eine Autobiographie, hrsg. von T. Nickl und H. Schnitzler, 1968. A. Sch.-O. Waissnix: Liebe, die starb vor der Zeit. Ein Briefwechsel, hrsg. von T. Nickl und H. Schnitzler, 1970. A. Sch.: Notizen zu Lektüre und Theaterbesuchen (1879–1927), hrsg. von R. Urbach, in: MAL, 6 (1973), S. 7–39. A. Sch.: The Letters to H. Bahr, hrsg. von D. G. Daviau, Chapel Hill 1978. A. Sch.: Briefe 1875–1912, hrsg. von T. Nickl und H. Schnitzler, 1981. A. Sch.: Tagebuch 1879–1892, 1893–1902, hrsg. von d. Österreichischen Akad. d. Wiss., 1987, 1989.

Sammelausgaben
Ges. Werke, 7 Bde., 1912. Ges. Werke, 9 Bde. 1922/23. Die dramatischen Werke. 1962.

Literatur

A. Heubaum, Zwei Dramen von A. S., in: Die Wahrheit, Jg. 7, Heft 77, 1. Dez. 1896, S. 155–157.
A. Kerr, Das neue Ritterdrama, in: NDR, Jg. 7 (1896), S. 1228–1232.
Ders.: Die Welt im Drama, 1954, S. 115–129.
K. Kraus, Die demolierte Literatur, 1897.
E. Schaeffer, A. S., in: Ges., Jg. 13 (1897), S. 22–33.
H. Benzmann, A. S., in: NuS, Bd. 86 (1898), S. 177–191.

H. Sittenberger, Das dramatische Schaffen in Österreich, 1898, S. 259–277.

Steiger, Bd. 2, 1898, S. 287–290.

Bahr, 1899, S. 81–87, 242–252.

Ders., Glossen zum Wiener Theater (1903–1906), 1907, S. 196–202.

Wethly, 1903, S. 133–137.

H. Landsberg, A. S., 1904.

H. Herrmann, Probleme in A. S's Dichtungen, in: WMh., Bd. 97 (1905), S. 686–694.

Kienzl, 1905, S. 357–364.

Lothar, 1905, S. 227–235.

H. Hart, Ges. Werke, Bd. 4, 1907, S. 333–336.

A. Salkind, A. S., 1907.

Mamroth, 1908, S. 237–241, 320–322.

Stern, 1909, S. 53–55.

L. Feigl, A. S. und Wien, 1911.

V. Klemperer, A. S., in: Jb. f. jüdische Geschichte u. Literatur, 14, 1911, S. 139–208.

J. K. Ratislav, A. S., 1911.

Soergel, 1911, S. 457–468.

J. Kapp, A. S., 1912.

B. Q. Morgan, A. S., in: The Drama, 1912, Nr. 7, S. 3–13.

G. Marcel, Le théâtre de S., in: Grande Revue, 81 (1913), S. 513–530.

R. Roseeu, A. S., 1913.

J. Körner, A. S's Gestalten und Probleme, 1921.

Th. Kappstein, A. S. und seine besten Bühnenwerke, 1922.

R. Specht, A. S. Der Dichter und sein Werk, 1922.

S. Koehler, The Question of Moral Responsibility in the Dramatic Works of A. S., in: JEGPh., 22 (1923), S. 376–411.

O. P. Schinnerer, The Early Works of A. S., in: GR, 4 (1929), S. 153–197.

Ders., Systematisches Verzeichnis der Werke von A. S., in: JDBL, Jg. 18/19 (1932/33), S. 94–121.

Ders., A. S's Nachlaß, in: GR, 8 (1933), S. 114–123.

S. Liptzin, A. S., New York 1932.

Ders., The Call of Death and the Lure of Love, in: GQ, 5 (1932), S. 21–36.

F. W. Kaufmann, Zur Frage der Wertung in S's Werk, in: PMLA, 48 (1933), S. 209–219.

B. Blume, Das Weltbild A. S's, 1936.

F. Kainz, A. S. und K. Schönherr, in: Nagl/Zeidler/Castle, Bd. 4, 1937, S. 1745–1781 et passim.

H. S. Reiss, The Work of A. S., Ph. D. Diss. Dublin 1945.

A. Fuchs, Moderne Österreichische Dichter, 1946, S. 31–43.

K. W. Maurer, Some Reflections on A. S., in: GLL, 2 (1948/49), S. 214–221.

H. Singer, Zeit und Gesellschaft im Werk A. S's, Diss. Wien 1948.

S. M. Polsterer, Die Darstellung der Frauen in A. S's Dramen, Diss. Wien 1949.

E. B. Davis, Moral Problems in the Works of A. S., Ph. D. Diss. Univ. of Pennsylvania 1950.

F. J. Beharriell, A. S's Range of Theme, in: MH, Jg. 43 (1951), S. 301–311.

H. Lederer, The Problem of Ethics in the Works of A. S., Ph. D. Diss. Chicago 1953.

R. Müller-Freienfels, Das Lebensgefühl in A. S's Dramen, Diss. Frankfurt 1954 (Masch.).

D. Schmidt-Wesle, Politische und soziale Probleme im Werk A. S's, Diss. Jena 1956.

Fechter, 1957, S. 102–109.

M. P. Kammeyer, Die Dramaturgie von Tod und Liebe im Werk A. S's, Diss. Wien 1960 (Masch.).

O. Seidlin, A. S's »Liebelei«, in: GQ, 35 (1962), S. 250–253.

H. Weigel, Die große Vergeblichkeit, in: NDH, Heft 88, 1962, S. 25–43.

Studies in A. S., hrsg. von H. W. Reichert u. H. Salinger, Chapel Hill 1963.

H. B. Garland, A. S., in: German Men of Letters, hrsg. von A. Natan, London 1963, Bd. II, S. 57–75.

H. Politzer, A. S. Poetry of Psychology, in: MLN, 78 (1963), S. 353–372.

R. O. Weiss, A. S's Literary and Philosophical Development, in: JASRA, II (1963), S. 4–20.

Ders., The Human Element in S's Social Criticism, in: MAL, 5 (1972), S. 30–44.

R. H. Allen, An Annotated A. S. Bibliography, Chapel Hill 1966.

Ders., S. and His Early Critics, in: JASRA, V (1966), S. 17–21.

D. G. Daviau, The Friendship of H. Bahr and A. S., in: JASRA, V (1966), S. 4–36.

F. Derré, L'Oeuvre d'A. S.: Imagerie viennoise et problèmes humains, Paris 1966.

Markwardt, 1967, S. 385–389.

A. Stroka, Die Gesellschaftskritik in A. S's frühen Bühnenwerken, in: GW, 11 (1967), S. 41–56.

C. Melchinger, Illusion und Wirklichkeit im dramatischen Werk A. S's, 1968.

R. Urbach, A. S., 1968.

Ders., Sch.-Kommentar, 1974.

G. Neumann und J. Müller, Der Nachlaß A. S's. Verzeichnis des im Schnitzler-Archiv der Univ. Freiburg i. Br. befindlichen Materials, 1969.

M. Kesting, Entdeckung und Destruktion, 1970, S. 123–141.

M. Swales, A. S. A Critical Study, Oxford 1971.

K. Kilian, Die Komödien A. S's. Sozialer Rollenzwang und kritische Ethik, 1972.

G. S. Ayres, The Theme of Transition in A. S's Social and Historical Dramas, Ph. D. Diss. Tulane Univ. 1974.

H. Scheible, A. S. in Selbstzeugnissen und Bilddokumenten, 1976.

H. Seidler, Die Forschung zu A. S. seit 1945, in: ZfdPh, 95 (1976), S. 567–595.

J. B. Berlin, An Annotated A. S. Bibliography 1965–1977, München 1978.

Ders., A. S. Bibliography for 1977–1981, in: MAL, 15 (1982), S. 61–83.

F. Axel, Vor den Vätern sterben die Töchter. S's »Liebelei« und die Tradition des bürgerlichen Trauerspiels, in: Text & Kontext, 10 (1982), S. 303–318.

T. Farley, A. S's Sociopolitical »Märchen«, in: A. S. and His Age, hrsg. von P. W. Tax u. R. H. Lawson, Bonn 1984.

M. L. Perlmann, A. S., 1987.

Eduard Graf Keyserling (1855–1918), der später als impressionistischer Romanschriftsteller einen festen Platz in der deutschen Literatur einnehmen sollte, wurde zuerst als Dramatiker bekannt. Nachdem der kurländische Aristokrat einige unscheinbare epische Erstlingswerke veröffentlicht hatte, trat er 1899 mit dem Schauspiel »Ein Frühlingsopfer« hervor. Die Handlung des Stückes, das seine literarischen Vorbilder (G. Hauptmann und M. Halbe) nicht verleugnen kann, spielt in Litauen und schildert das tragische Geschick eines Dorfmädchens, das zwischen Opferbereitschaft und erster Liebe in einen Konflikt gerät, der in den Tod einmündet. Die Charaktere und das Milieu sind überzeugend gezeichnet, und über allem liegt jene Frühlingsstimmung, wie sie uns von Halbes »Jugend« her vertraut ist. Sie erhält jedoch etwas hellere Farben und ist auch mit einer persönlichen Note versehen. Eng verbunden damit sind einige romantische Züge; es kommt zu einer an »Hanneles Himmelfahrt« gemahnenden Verbindung von Naturalismus und naiver Mystik, deren eigenartiger Charme auch den heutigen Leser noch anspricht (W. Pusey).

In dem Trauerspiel »Der dumme Hans« (1901) ist diese Verquickung von Naturalistischem und Romantischem nicht geglückt. Das Märchenhaft-Romantische gewinnt hier die Oberhand und wird mit soviel Unwahrscheinlichem verbunden, daß man von naturalistischer Dramatik nicht mehr sprechen kann. Anders ist es mit dem Drama »Peter Hawel« (1904). Zwei Handlungsstränge lassen sich erkennen: auf der einen Seite ist es das tragische Schicksal eines Gutsbesitzers, auf der anderen die Darstellung einer Revolte, die unter den Landarbeitern ausbricht; angestachelt von einem sozialdemokratischen Agitator, fordern die Landarbeiter bessere Arbeitsbedingungen und einen Teil der Ländereien; zwar weiß der Besitzer der Gefahr zu begegnen, doch triumphiert schließlich der Propagandist. Dies Drama ist von romantischem Ballast frei, aber als Bühnendichtung hat es nur geringe Bedeutung. Keyserling hatte bereits erkannt, daß er sein dichterisches Talent auf dem Gebiet der Epik besser entfalten konnte, und wandte sich ihr in immer stärkerem Maße zu. Später versuchte er noch einmal, sich auf der Bühne durchzusetzen, doch hatte er sich zu der Zeit bereits bewußt vom Naturalismus entfernt.

Uraufführungen
»Ein Frühlingsopfer«, 12. Nov. 1899, Berlin (Freie Bühne). »Der dumme Hans«, 4. Mai 1901, Berlin (Residenztheater). »Peter Hawel«, 10. Okt. 1903, München (Schauspielhaus).

Erstdrucke
»Ein Frühlingsopfer«, 1900. »Der dumme Hans«, 1901. »Peter Hawel«,
1904. – Alle drei bei S. Fischer in Berlin erschienen.

Literatur

E. Schering, Die Jubiläumsvorstellung der Berliner Freien Bühne, in: Die
Umschau, Jg. 3 (1899), S. 953–954.

R. Steiner, Das Jubiläum der Freien Bühne, in: MfL, Jg. 68 (1899),
Sp. 1081–1083.

K. Martens, Graf E. K., in: LE, Jg. 9 (1906/07), Sp. 328–333.

Stern, 1909, S. 375–377.

E. Glock, E. v. K., in: Eckart, Jg. 6 (1912), Nr. 10, S. 623–637.

P. Hamecher, Der Künstler E. v. K., in: SMh., Jg. 16 (1912), S. 675–681.

H. Klingenberg, E. Graf K., in: Deutsche Monatsschrift für Rußland, Jg. 2
(1913), S. 771–790, 899–911.

E. Heilborn, E. Graf K. Sein Wesen und sein Werk, in: E. v. K., Ges. Erzählungen, Bd. 1, 1922, S. 3–31.

U. Stülpnagel, Graf E. v. K. und sein episches Werk. Diss. Rostock 1926,
S. 118–128.

A. F. Binz, E. v. K., in: SL, Jg. 30 (1929), S. 193–197, mit Bibliographie von
E. Metelmann, S. 197–200.

M. Halbe, Sämtl. Werke, Bd. 2, 1945, S. 320–326 et passim.

H. Kalkhoff, Die Dekadenz im Werke E. v. K's, Diss. Freiburg i. Br. 1952.

O. v. Taube, Nachwort in: E. v. K., Schwüle Tage und andere Erzählungen,
1954, S. 317–335.

Ders., Daten zur Biographie E.s v. K., in: Euph., Bd. 48 (1954), S. 94–97.

W. W. Puse y III, E. v. K. as a Dramatist, in: MLQ, 19 (1958), S. 204–212.

G. Schley, 1967, S. 118–120.

R. Steinhilber, E. v. K.: Sprachskepsis und Zeitkritik in seinem Werk, 1977.

Auch zum Frühwerk *Rainer Maria Rilkes* (1875–1926) gehören einige dramatische Versuche, in denen er den naturalistischen Prinzipien huldigt. In zwei dieser Arbeiten zeigt er, wie sich eine Tochter
für den Vater bzw. die Mutter nutzlos opfert. In der Urfassung des
Dramas »Im Frühfrost« (1895), für das R. C. Jennys Volksstück
»Not kennt kein Gebot« (1895) als Modell diente, schanzt eine ge-
wissenlose Mutter ihre Tochter einem Agenten zu, der dem Vater
Geld geliehen hat. Vater und Tochter gehen daran zugrunde; er er-
schießt sich, sie wird ermordet. In der zweiten Fassung dieses
Stückes finden wir nicht dieses melodramatische Ende, auch wird
überzeugender motiviert. Allerdings debütierte Rilke nicht mit die-
ser Arbeit als Dramatiker, sondern mit dem Einakter »Jetzt und in
der Stunde unseres Absterbens« (1896), für den wiederum Jennys
»Not kennt kein Gebot« das Vorbild war. In diesem Werk, dessen
Milieu auch wieder durch Geldnot und Armut gekennzeichnet ist,

wird ein junges Mädchen, um die Familie zu retten, die Geliebte des Hausbesitzers, der, so stellt es sich gegen Ende heraus, ihr Vater ist. Die Verwendung des Inzest-Motivs ist mit das Eigenständigste in dieser tragischen Szene, in der Rilke »die gesamte Maschinerie des Berliner Naturalismus [aufbot], um das Volksstück seines Freundes ins Hoffnungslose abzuwandeln« (P. Demetz).

In der szenischen Bilderfolge »Höhenluft« (1897) bewegt Rilke sich im Bannkreis von Schnitzlers Naturalismus. In diesem Bühnenwerk verzichtet eine in ärmlichen Verhältnissen lebende Mutter eines unehelichen Kindes auf die Wiederaufnahme in den Familienkreis, als sie hört, daß ihr Kind zu fremden Leuten in Pflege gegeben werden müßte. In dem Drama »Mütterchen« (1898) lassen sich, trotz einiger Zugeständnisse an das naturalistische Kunstwollen, die symbolistischen Züge nicht verkennen. Sie deuten hin auf die nächste Entwicklungsstufe Rilkes, die sich mit der Bühnendichtung »Ohne Gegenwart« (1898) vollends realisierte.

Uraufführungen
»Jetzt und in der Stunde unseres Absterbens…«, 6. August 1896, Prag (Dt. Volkstheater). »Im Frühfrost«, 20. Juli 1897, Prag (Dt. Volkstheater).

Erstdrucke
»Jetzt und in der Stunde unseres Absterbens…«, Wegwarten II. Prag: Selbstverlag 1896. »Mütterchen«, in: MNL, Jg. 2 (1898), Heft 4, S. 267–276. »Im Frühfrost«, in: Sämtl. Werke, Bd. 4. Frankfurt: Insel-Verlag 1961 (2. Fassung in: »Aus der Frühzeit R. M. R's: Vers/Prosa/Drama 1894–1899«. Leipziger Bibliophilen-Abend 1921). »Höhenluft«, in: Sämtl. Werke, Bd. 4. Frankfurt: Insel-Verlag 1961.

Selbstzeugnisse
Tagebücher aus der Frühzeit, hrsg. von R. Sieber-Rilke u. C. Sieber, 1942. R. M. R. im Jahre 1896, hrsg. von R. v. Mises. New York 1946. R. M. R. und L. Andreas-Salomé: Briefwechsel, hrsg. von E. Pfeiffer, 1952. R. M. R. und A. Schnitzler. Ihr Briefwechsel, hrsg. von H. Schnitzler, in: WuW, Jg. 13 (1958), Heft 4, S. 283–298. P. Obermüller, H. Steiner und E. Zinn, Katalog der Rilke-Sammlung R. v. Mises, 1966. Einige unveröffentlichte Briefe aus R's Frühzeit, hrsg. von S. Hoefert, in: Euph., Bd. 61 (1967), S. 187–195. R. M. R.: Briefe in 2 Bdn., hrsg. von H. Nalewski, 1991.

Gesamt- und Sammelausgaben
»Aus der Frühzeit R. M. R's: Vers/Prosa/Drama 1894–1899«, hrsg. von F. A. Hünich, 1921. »Bücher-Theater-Kunst«, hrsg. von R. v. Mises, 1934. Sämtl. Werke, hrsg. vom Rilke-Archiv, besorgt durch E. Zinn, 6 Bde. 1955/66.

Literatur

T. Maus, R. und die soziale Wirklichkeit, in: ZfdB, Jg. 8 (1932), S. 65–71.

C. Sieber, R. R. Die Jugend R. M. R's, 1932.

H. W. Puckett, R's Beginnings, in: GR, 8 (1933), S. 99–113.

F. A. Hünich, Rilke-Bibliographie, 1. Teil, 1935.

J. F. Angelloz, R. M. R.: L'Évolution spirituelle du poète, Paris 1936.

Ders., R., Paris 1952.

W. K. Legner, The Religion of R. M. R. before His Visits to Russia, in: MH, Jg. 30 (1938), S. 440–453.

E. C. Mason, R's Apotheosis. A Survey of Representative Recent Publications on the Work and Life of R., Oxford 1938.

Ders., R. M. R., Göttingen 1964.

E. M. Butler, R. M. R., Cambridge 1941.

H. Roman, R. and the Theater, Ph. D. Diss. Harvard 1942.

Ders., R's Dramas. An Annotated List, in: GR, 18 (1943), S. 202–208.

R. v. Mises, R. in English. A Tentative Bibliography, Cambridge 1947.

W. Ritzer, R. M. R.-Bibliographie, 1951.

G. Schroubek, Bibliographie der seit Kriegsende erschienenen deutschen Rilkeliteratur, 1951.

A. E. Schroeder, R. M. R. in America. A Bibliography 1926–1951, in: MH, Jg. 44 (1952), S. 27–38.

P. Demetz, R. R's Prager Jahre, 1953.

H. Müller, Zeitkritik im Werke R's, Diss. Göttingen 1956 (Masch.).

H. E. Holthusen, R. M. R. in Selbstzeugnissen und Bilddokumenten, 1958.

Soergel/Hohoff, 1961, haupts. S. 603–604.

M. J. Comerford, R. in English. 1946 to 1966, in: GR, 42 (1967), S. 301–309.

K. Klutz, Bericht über den Stand der R.-Bibliogr. und über zwei R.-Sammlungen, in: Blätter der Rilke-Gesellschaft, 1 (1972), S. 41–50.

U. Münchow, Das »tägliche Leben«: Die dramatischen Experimente des jungen R., in: Rilke-Studien. Zu Werk und Wirkungsgeschichte, hrsg. von E. Bauer, 1976, S. 9–52.

K. Klutz, Rilke-Bibliographie, in: Blätter der Rilke-Gesellschaft, H. 5/1978 (fortgeführt in H. 6 bis 16/17).

A. Schmidt, Literarische Traditionen in R's frühen Dichtungen in: Die andere Welt, H. Himmel-Festschrift, 1979, S. 165–185.

W. Leppmann, R., 1981.

T. Mizukami (R. als Dramatiker. Über R's frühe Dramen [Jap. mit dt. Zus.fassung]), in: Doitsu Bungako, H. 71, 1983, S. 108–117.

Etwas abseits von diesen Autoren steht *Carl Hauptmann* (1858–1921). Die Forschung hat sich in letzter Zeit auch mit seinen dichterischen Anfängen und den Beziehungen zu seinem Bruder Gerhart beschäftigt. Einige diesbezügliche Arbeiten gehen allerdings auf die frühen Dramen kaum ein (W.-E. Peuckert) oder bieten nur einige Randbemerkungen dazu (Th. Duglor). Hervorzuheben sind neben K. Musiols Beitrag über die Bedeutung Josepha Kodis-

Krzyzanowskas die Darlegungen M. Sindens und A. Strokas. Der Aufsatz von M. Sinden befaßt sich speziell mit den Verbindungslinien, die zwischen den sog. »Josepha-Dramen« der Brüder Hauptmann bestehen, und A. Stroka stellt in einer eingehenden Untersuchung den Werdegang Carl Hauptmanns bis zum Jahre 1903 dar. Sie setzt sich auch mit dem Verhältnis des Dichters zum Naturalismus auseinander und betont, daß er schon früh die Unzulänglichkeit des naturalistischen Kunstprinzips erkannt und diese Kunstrichtung nur mit bedeutenden Einschränkungen akzeptiert habe.

Carl Hauptmann hatte im Gegensatz zu seinem jüngeren Bruder Gerhart eine gediegene wissenschaftliche Ausbildung genossen. Er setzte nach seiner Promotion seine Studien fort und veröffentlichte ein größeres wissenschaftliches Werk: »Die Metaphysik in der modernen Physiologie« (1893). Doch beschäftigte er sich bereits während dieser Zeit mit poetischen Versuchen. Als er seine Berufung zum Dichtertum erkannte, gab er dieser Neigung ganz nach und trat auch als Verfasser einiger Bühnenstücke hervor, die im Naturalismus verwurzelt sind. Das erste dieser Werke war das Schauspiel »Marianne« (1894). Es erweckt Erinnerungen an Ibsens »Ein Puppenheim« und, vor allem, an »Einsame Menschen«. Das macht sich in der Handlungsabfolge, Personenkonstellation und noch anderen Zügen (s. dazu M. Sinden) bemerkbar. Die Vorbilder lassen sich erkennen, doch fehlt eine dem jungen Vockerat ebenbürtige Gestalt. Bei C. Hauptmann löst sich eine Pfarrersfrau von ihrem Ehemann und folgt einem Maler in ein freieres Leben. Das auffallendste Merkmal dieser Ehebruchsgeschichte ist der betont epische Zug, der sich durch das Stück zieht, er beweist, daß die Stärke des Autors nicht auf dem Gebiet des Dramas lag.

Etwas bewegter als dieses dramatische Erstlingswerk waren die »Waldleute« (1896), ein dialektgebundenes Schauspiel, das den Kampf eines Forstmannes mit wildernden »Kolonieleuten« schildert und in einigen Zügen an Otto Ludwigs »Erbförster« erinnert (A. Stroka). Trotz treffender Milieuzeichnung und einiger naturalistischer Szenen kann man nicht über die Unwahrscheinlichkeiten, die verschiedenen Handlungsmomenten anhaften, hinweg. Auch läßt sich in diesem Werk bereits jener »Zug nach innen« (H. Spiero) wahrnehmen, der dem Drama »Ephraims Breite« (1900), dem letzten der naturalistischen Bühnenwerke C. Hauptmanns, das charakteristische Gepräge gibt. Dieses schlesische Bauerndrama ist, was Naturalismus und Gestaltungskraft betrifft, ohne Zweifel der Höhepunkt im Frühwerk des Dichters. Die Wiedergabe des Dialekts ist meisterhaft, das Lokalkolorit wird überzeugend widergespiegelt, und auch die Charaktere sind glaubhaft gezeichnet. Nur die

Hauptgestalt, eine Bauerntochter, die ihre Heirat mit einem Zigeunerabkömmling durchsetzt, ist als Dorfmädchen nicht recht glaubwürdig; sie muß einsehen, daß die Liebe ihres Mannes nicht ihr, sondern einer anderen gehört. Die Wiedergabe des Kampfes, den sie dabei in ihrem Inneren zu bestehen hat, ist zwar noch keine vollwertige Seelenanalyse, doch weist er über den Naturalismus hinaus und läßt die sich anbahnende Entwicklung im Schaffen des Autors erkennen.

Uraufführungen
»Waldleute«, 31. Okt. 1895, Wien (Raimundtheater). »Ephraims Breite«, 6. Januar 1900, Breslau (Lobetheater). »Marianne«, 14. Dez. 1902, Berlin (Neue Freie Volksbühne).

Erstdrucke
»Marianne«, Berlin: S. Fischer 1894. »Waldleute«. Stuttgart: J. G. Cotta 1896. »Ephraims Breite«. Berlin: S. Fischer 1900 (Neuaufl. unter dem Titel: »Ephraims Tochter«. München: Kurt Wolff 1920).

Selbstzeugnisse
Leben mit Freunden, Ges. Briefe, hrsg. von W.-E. Peuckert, 1928. Aus meinem Tagebuch, hrsg. von W.-E. Peuckert, 1929.

Literatur

Benoist-Hanappier, 1905, S. 148–149.
M. Kriele, C. H's Schauspiel »Ephraims Breite«, in: MfL, Jg. 69 (1900), Sp. 228–231.
J. M. Fischer, C. H's Dramen, in: Mitteilungen der Literarhistor. Gesellschaft Bonn, Jg. 5 (1910), S. 127–157.
H. Spiero, C. H., 1910.
Ders., C. H., in: Die Grenzboten, Jg. 71 (1912), 1. Qu., S. 79–83.
H. H. Borcherdt (Hrsg.), C. H. Er und über ihn, 1911.
Soergel, 1911, S. 377–383.
K. Wilczynski, C. H., in: DBJb., Bd. 3 (1921), S. 125–137.
O. Walzel, C. H. der Dramatiker, in: Das deutsche Drama, Bd. 4, 1921, S. 41–49.
H. Razinger, C. H. Gestalt und Werk, 1928.
W. Goldstein, C. H. Eine Werkdeutung, 1931.
W. Milch, C. H's schlesische Sendung, 1931.
H. C. Kaergel, C. H. der Mensch u. Dichter, in: NL, Jg. 42 (1941), S. 218–222, mit Bibliographie von E. Metelmann, S. 222–224.
A. E. Terry, The Literary Significance of the Silesian Elements in the Works of C. H. and H. Stehr, Ph. D. Diss. Stanford 1942.
J. Nehlert, Ideenwandel und Formproblem im dichterischen Schaffen. C. H's, Diss. Breslau 1943.
W. Meckauer, C. H's dichterische Hinterlassenschaft, in: MH, Jg. 42 (1950), S. 224–230.

D. Gerbert, Motive und Gestalten im Werk C. H's, Diss. Wien 1952 (Masch.).

Fechter, 1957, S. 125–129.

H. Minden, C. H. als Bühnendichter, Diss. Köln 1957 (Masch.).

Th. Duglor (Hrsg.), C. H. Ein schlesischer Dichter, 1958.

W.-E. Peuckert, C. H's Anfänge, in: ZfdPh., Bd. 77 (1958), S. 113–130.

K. Musiol, C. H. und Josepha Kodis. Ihr gegenseitiges Verhältnis im Spiegel des dichterischen Werkes, in: DVjs., Jg. 34 (1960), S. 257–263.

Ders., C. H. und Polen, in: Lenau-Forum, 4 (1972) S. 37–50.

Mehring, 1961, S. 409–412.

M. Sinden, »Marianne« und »Einsame Menschen«, in: MH, Jg. 54 (1962), S. 311–321.

A. Stroka, C. H's Anfänge im Spiegelbild seiner Tagebücher, in: GW, 7 (1962), S. 35–93.

Dies., Karol Hauptmann, brat Gerharta. Czlowiek i pisarz, in: KN, 9 (1962), S. 359–371.

Dies., C. H's Werdegang als Denker und Dichter, Wroclaw 1965.

J. Jofen, Das letzte Geheimnis. Eine psychologische Studie über die Brüder Gerhart und C. H., 1972.

H. Minden, C. H. und das Theater, 1976.

Marshall, 1982, S. 268–290.

Der letzte dieser in ihren Anfängen dem Naturalismus nahestehenden Dichter ist *Paul Ernst* (1866–1933), aus Elbingerode/Harz, der sich während seiner Studienzeit der sozialdemokratischen Partei anschloß, sich als Volksredner betätigte und sozialpolitische Aufsätze schrieb. Auf literarischer Ebene begann er als naturalistischer Dramatiker. Verschiedene dramatische Arbeiten wurden begonnen und, teils jedenfalls, ausgeführt. Sie blieben jedoch ungedruckt. (Eine Zweitfassung einer dieser Arbeiten, betitelt »Blätter vom Baume«, ist 1964 von K. A. Kutzbach herausgegeben worden. Bedauerlich ist, daß von der für den Naturalismus wichtigeren ersten Fassung nur noch Reste vorhanden sind.)

Seit 1895 war P. Ernst mit Arno Holz befreundet, 1897/98 wohnte er mit ihm in Berlin zusammen, und 1898 erschien dort sein einaktiges Lustspiel »Lumpenbagasch«. Diese Studie über eine kinderreiche Dorfarme und einen dem Alkohol ergebenen Armenhäusler fällt nicht sehr ins Gewicht, zeugt jedoch für die scharfe Beobachtungsgabe des Autors. Im Jahre darauf, 1899, gelangten drei weitere Einakter auf die Bühne. Einer davon, die Milieustudie »Im chambre séparée«, deren tragikomische Aspekte in den 60er Jahren von K. S. Guthke untersucht worden sind, ist thematisch von Interesse, weil hier auf das Elend blutjunger Chansonetten und das Treiben in den »Caféchantants« aufmerksam gemacht wird. Ein anderer Einakter, »Die schnelle Verlobung«, ist, was wirklichkeitsgetreue Gestaltung anbelangt, im Schaffen P. Ernsts wohl ohnegleichen, weil die hier dargebotenen Bilder aus der kleinbürgerlichen Welt, wiewohl die dirigierende Hand des Autors erkennbar ist, aus dem wirklichen Leben genommen sein könnten. Der letzte dieser Einakter, »Wenn die Blätter fallen«, zeigt bereits den Einfluß der neuromantischen Strömungen. Später ist dann der Name P. Ernst aufs engste mit dem Kunstwollen des Neuklassizismus verbunden.

Uraufführungen

»Lumpenbagasch«, 27. März 1898, Berlin (Dramatische Gesellschaft). »Wenn die Blätter fallen«, »Im chambre séparée« und »Die schnelle Verlobung«, 14. Mai 1899, Berlin (Theater der Urania).

Erstdrucke

»Lumpenbagasch«. »Im chambre séparée«, 1898. »Die schnelle Verlobung«, 1899. »Wenn die Blätter fallen«, 1900 (zuerst in ›Pan‹ 1897). – Alle bei J. Sassenbach in Berlin erschienen.

Selbstzeugnisse

Im Spiegel, in: LE, Jg. 6 (1903/04), Sp. 1054–1061. Bemerkungen über mein Leben, 1922. Jugenderinnerungen, 1930. Jünglingsjahre, 1931. Mein dichterisches Erlebnis, 1933. Tagebuch eines Dichters, hrsg. von K. A. Kutzbach, 1934.

Sammelausgabe

Ges. Werke, 21 Bde., 1928/42.

Literatur

F. Servaes, P. E., in: LE, Jg. 6 (1903/04), Sp. 1046–1054.

Soergel, 1911, S. 860–867.

Naumann, 1923, S. 81–87.

K. A. Kutzbach, P. E's Dramen, in: NL, Jg. 34 (1933), S. 314–329.

Ders., »Blätter vom Baume«. Zu einem neu aufgefundenen Frühwerk von P. E., in: Der Wille zur Form, Folge 1 (1957/66), S. 561–568 (Abdruck des Textes auf S. 481–540).

A. Potthoff, P. E. Einführung in sein Leben und Werk, 1935.

Ders., P. E. und der französische Naturalismus, in: Die Neueren Sprachen, Bd. 44 (1936), S. 317–338.

W. Linden, P. E. Das Weltbild des Denkers, in: ZfDk., Jg. 50 (1936), S. 145–160.

H. O. Burger, Der Weg P. E's im Drama, in: GRM, 25 (1937), S. 197–207.

Jb. 1939 der P. E.-Ges.: P. E. und das Drama, 1939, bes. S. 21–25.

F. K. Richter, Dostojewski im literarischen Denken P. E's, in: GQ, 17 (1944), S. 79–87.

J. Hart, »Lumpenbagasch«, in: Der Wille zur Form, Folge 1 (1957/66), S. 342–343.

K. S. Guthke, Geschichte und Poetik der deutschen Tragikomödie, 1961, S. 223–226.

B. Voigt, Ein Exkurs in die Opposition: P. E. als Naturalist und Sozialdemokrat, in: WZHUB, 36 (1987), 7, S. 591–598.

6. Nachzügler

Nachdem der Naturalismus bereits mehrere Male für überwunden erklärt worden war, traten um die Jahrhundertwende einige Dichter mit Bühnenwerken auf den Plan, die als Resultat naturalistischen Kunstwollens oder als Zeugnis direkter Nachfolge naturalistischer Gestaltungstendenzen gelten können. Für den süddeutschen Sprachbereich sind in dieser Beziehung vor allem Karl Schönherr und Ludwig Thoma zu nennen. Zwar gibt es noch einige andere Autoren, die in ihren Werken, namentlich den Volksstücken, in die Nähe des Naturalismus geraten, doch von diesen sei nur *Ludwig von Ficker* (1880–1967) genannt. Mit der Tiroler Christnachtstragödie »Und Friede den Menschen« (1901), in der einige Motive Erinnerungen an Halbes »Jugend« wachrufen, hat Ficker dem Naturalismus entschieden gehuldigt.

Erstdruck
»Und Friede den Menschen«. Linz: Österreich. Verlagsanstalt 1901.

Literatur

H. Sittenberger, Österreichische Dialektstücke, in: LE, Jg. 1 (1901/02), bes. Sp. 538–539.

Ist in der Literatur über Ficker sein dramatisches Schaffen praktisch übersehen worden, so sind die Bühnenwerke *Karl Schönherrs* (1867–1943) immer wieder, hauptsächlich in Österreich, Gegenstand wissenschaftlicher Untersuchung gewesen. Schönherr gilt gemeinhin, wenn auch mit Einschränkungen, als Dramatiker par excellence, und seine »naturalistische Gestaltungstreue« (H. Vogelsang) und pessimistische Grundeinstellung (s. dazu W. D. Sanders) sind auch in den letzten Jahren als Pfeiler seiner Kunst erkannt worden. Der aus Tirol stammende Arzt und Dichter sah bald ein, daß auf dem Gebiet des Dramas sein künstlerisches Talent am ehesten Geltung erlangen könnte. Nach dem mißlungenen Erstling »Judas von Tirol« (1897) fand er den ihm gemäßen Stil, einen »Lapidar- und Holzschnittstil, der sich auf sparsame, grobgezogene Umrisse be-

schränkt« (F. Kainz). Mit dem Einakter »Der Bildschnitzer« (1900)
war er erfolgreich. In dieser geradlinig gefügten naturalistischen Milieustudie entfaltet sich, wie der Autor sagt, eine »Tragödie braver
Leute«; Schönherr wirft Schlaglichter auf das Dasein der Holzschnitzer und zeigt, wie ein schwerkranker Familienvater einem le-
bensfähigeren Arbeitskameraden seinen Platz und seine Frau abtritt.
Trotz der Lebensnähe der Gestalten und ihrer Diktion vermag das
Stück nicht vollends zu überzeugen, da die Liebesbeziehung nicht
genügend motiviert ist.

In dem breiter angelegten »Sonnwendtag« (1902) wandelt Schönherr auf den Spuren Anzengrubers. Der Kulturkampf in Tirol bildet
den Hintergrund dieses Bauerndramas, dessen Handlung in der
Darstellung eines Brudermordes kulminiert. Nach dem Einakter
»Karrnerleut« (1905), in dem das tragische Geschick eines Vagan-
tenjungen dargestellt wird, und dem an die Tradition des Schicksals-
dramas anknüpfenden Schauspiel »Familie« (1906) erreicht der Autor mit der Bauernkomödie »Erde« (1908) den ersten Höhepunkt
seines dramatischen Schaffens. Im Mittelpunkt dieses Werkes steht
ein Bauer, der in seiner Erdgebundenheit über sich selbst hinauszu-
wachsen scheint; dem Tode augenscheinlich verfallen, schläft er sich
wider alle Erwartung gesund und macht die Hoffnungen des Gesin-
des und des Sohnes zunichte. Obwohl Schönherr in diesem konflikt-
und handlungsarmen Stück dem Naturalismus verpflichtet bleibt,
lassen sich Züge wahrnehmen, die über diese Kunstrichtung hinaus-
weisen. Bezeichnend ist in dieser Beziehung P. Fechters Bemerkung,
der zufolge die Hauptperson »zu einem naturalistischen Dämon der
Erde« (S. 223) werde. In den noch folgenden Dramen entfernt sich
Schönherr in immer stärkerem Maße vom Naturalismus. Ein Höhepunkt zeichnet sich im »Weibsteufel« (1914) ab, einem Werk, das
dem Expressionismus nahesteht, doch die naturalistische Schule, die
der Autor durchlaufen hat, nicht verleugnen kann.

Uraufführungen
»Die Bildschnitzer«, 7. Sept. 1900, Wien (Dt. Volkstheater). »Sonnenwend-
tag«, 19. April 1902, Wien (Burgtheater). »Karrnerleut'«, 30. Sept. 1904, Wien
(Josefstädter Theater). »Familie«, 30. Nov. 1905, Wien (Burgtheater). »Erde«, 13. Januar 1908, Düsseldorf (Schauspielhaus), in kroatischer Sprache bereits 1907 in Agram. »Der Weibsteufel«, 6. April 1915, Wien (Burgtheater).

Erstdrucke
»Die Bildschnitzer«. Wien: Wiener Verlag 1900. »Sonnwendtag«. Wien:
C. W. Stern 1902, Neufassungen 1905, 1912, 1914 und 1929. »Karrnerleut'«.
Wien: Wiener Verlag 1905. »Familie«. Stuttgart: J. G. Cotta 1906. »Erde«.
Berlin: S. Fischer 1908. »Der Weibsteufel«. Leipzig: C. Staackmann 1914.

Sammelausgaben

Ges. Werke, 4 Bde. 1927. Ges. Werke, 2 Bde., hrsg. von V. Chiavacci jun. 1948. Bühnenwerke (1. Bd. einer 3bändigen Gesamtausgabe), hrsg. von V. K. Chiavacci, Einleitung von M. Dietrich. 1967.

Literatur

Bahr, 1903, S. 41–50.
H. Stümcke, Die vierte Wand, 1904, S. 250–253.
Kienzl, 1905, S. 365–368.
Ders., K. Sch. und seine wichtigsten Bühnenwerke, 1922.
Lothar, 1905, S. 191–196.
A. v. Weilen, K. Sch., in: LE, Jg. 11 (1908/09), Sp. 165–177.
Soergel, 1911, S. 843–850.
Kerr, 1917, Bd. III, S. 163–165.
R. Sedlmaier, Sch. und das österreichische Volksstück, 1920.
Holl, 1923, S. 321–324.
M. Lederer, K. Sch. der Dramatiker, 1925.
J. Sahliger, Das Drama Sch's, Diss. Wien 1925 (Masch.).
J. Wagner, Das Problem der Personenreduktion in Sch's Dramen, Diss. Wien 1925.
A. Bettelheim, K. Sch. und das österreichische Volksstück, 1926.
Ders., K. Sch. Leben und Schaffen, 1928.
F. Kainz, A. Schnitzler und K. Sch., in: Nagl/Zeidler/Castle, Bd. 4, 1937, S. 1781–1804 et passim.
Fechter, 1938, S. 222–226.
M. Happe, Die Tiroler Bauernwelt in K. Sch's Dichtungen, Diss. Innsbruck 1940.
W. Hills, Probleme und Konfliktgestaltung bei Sch., Diss. Wien 1940.
E. Götschmann-Ravestrat, K. Sch., 1943.
A. Fuchs, Moderne österreichische Dichter, 1946, S. 67–73.
H. M. Pursch, Die Dämonie der Sch'schen Dramengestaltung, Diss. Wien 1946.
A. Durstmüller, Sozialprobleme bei F. Kranewitter und K. Sch., Diss. Innsbruck 1948 (Masch.).
K. Paulin, K. Sch. und seine Dichtungen, 1950.
H. Stockbauer, Die Frauen in den Dramen Sch's, Diss. Wien 1951 (Masch.).
H. Cysarz, K. Sch., in: Große Österreicher, Bd. 14, 1960, S. 137–150.
W. D. Sanders, Pessimism in the Works of K. Sch., Ph. D. Diss. Indiana Univ. 1965.
H. Vogelsang, Österreichische Dramatik des 20. Jhs., 1963, S. 48–62.
H. Weigel, Das tausendjährige Kind, 1965, S. 172–182.
T. Schuh, K. Sch. Sprache und Sprachstil, Diss. Innsbruck 1967 (Masch.).
Ders., Künstlerischer Wert der Mundart in Sch's Dramen, in: Germanistische Studien, hrsg. von J. Erben u. E. Thurnher, 1969, S. 237–247.
H. Seidler, Sprachkunst in der Mundart. Zu K. Sch's »Erde« und »Weibsteufel«, in: Mundart und Geschichte, Festschrift für E. Kranzmayer, 1967, S. 129–144.

V. K. Chiavacci, K. Sch. und seine Zeit, in: K. Sch., Lyrik und Prosa, hrsg. von V. K. Chiavacci, 1969, S. 7–145.
Haida, 1989, S. 247–249.

Der im Umkreis der Bavaria besonders populäre *Ludwig Thoma* (1867–1921) ist in den Nachkriegsjahren mehr von der amerikanischen als von der einheimischen Forschung beachtet worden. W. L. Heilbronner hat sich in seiner Dissertation mit dem Satiriker und Gesellschaftskritiker Thoma befaßt, J. P. Sandrock hat das Universelle in Thomas »Heimatdichtung« aufzuzeigen versucht, und C. N. Jones untersucht den Einfluß des Volksstücks auf Thoma. In Deutschland selbst hat sich auch in jüngster Zeit das Interesse an diesem Autor in einer ihn mehr popularisierenden und vorwiegend aufs Biographische gerichteten Literatur niedergeschlagen.

Thoma etablierte sich nach Abschluß seines Studiums zunächst als Rechtsanwalt. Er wurde Mitarbeiter der Wochenschrift ›Simplicissimus‹ und trat mit schriftstellerischen Arbeiten hervor. Im Jahre 1899 schrieb er sein erstes Bühnenstück: »Witwen«; es wurde weder zur Veröffentlichung noch zur Aufführung angenommen. Im Sommer 1901 erschien seine Komödie »Die Medaille« und im Jahre darauf »Die Lokalbahn«. Beide Werke konnten ihre Bühnenwirksamkeit beweisen; beide spielen im bayrischen Kleinstadtmilieu. Thoma verspottet das Beamtentum in der »Medaille« und verbrämt im anderen Werk eine amüsante Geschichte mit ein wenig Satire auf den Untertanengeist des Kleinbürgers.

Trotz dieser Erfolge wandte er sich erst nach Jahren wieder der Bühne zu. In der Komödie »Moral« (1909) setzte er sich mit dem Dünkel der Sittlichkeitsvereine auseinander, und in »Erster Klasse« (1910) versah er die Gespräche einiger Reisender mit politisch-satirischen Akzenten. Thomas eigentlicher Beitrag zum Naturalismus war, wie verschiedentlich unterstrichen wurde, das Volksstück »Magdalena« (1912). Es jedoch als »das konsequenteste naturalistische Drama« der deutschen Literatur hinzustellen, wie es R. Ziersch getan hat, geht zu weit. In diesem ernstgestimmten Werk, das als bayrische »Emilia Galotti« bekannt geworden ist, führt uns Thoma das tragische Geschick einer Bauerntochter vor, die in der Stadt zur Dirne wurde, in ihr Heimatdorf zurückgeschickt und vom Vater schließlich erstochen wird. Das Milieu ist der Wirklichkeit nachgezeichnet, die Gestalten gewinnen Leben, ihr Dialog ist wirkungsvoll und der gesellschaftskritische Atem des Autors kraftvoll. Thomas »Magdalena« blieb jedoch ein Einzelfall im Dramenwerk des Autors, er schrieb zwar noch einige Theaterstücke, hatte aber nur noch als Verfasser humoristisch-ironischer Werke auf der Bühne Erfolg.

Uraufführungen
»Die Medaille«, 24. August 1901, München (Residenztheater); »Die Lokalbahn«, 19. Okt. 1902, München (Residenztheater). »Moral«, 20. Nov. 1908,
Berlin (Kl. Theater). »Erster Klasse«, 12. August 1910, Rottach-Egern (Bau-
ernbühne Michael Dengg). »Magdalena«, 12. Okt. 1912, Berlin (Kl. Theater).

Erstdrucke
»Die Medaille«, 1901. »Die Lokalbahn«, 1902. »Moral«, 1909. »Erste Klasse«, 1910. »Magdalena«, 1912. – Sämtlich bei Alb. Langen in München erschienen.

Sammelausgaben:
Ges. Werke, 7 Bde. 1922, erw. Neuausg. 1933. Ges. Werke, 8 Bde., hrsg. von
A. Knaus, Einführung von J. Lachner. 1956, erw. Neuausg., 6 Bde. 1968. Ausgew. Werke, 3 Bde., Vorwort von E. Roth, 1960. Theater. Sämtl. Bühnenstücke, Nachwort von H. R. Müller, 1964.

Selbstzeugnisse
Erinnerungen, 1919. Stadelheimer Tagebuch, 1923. Ausgew. Briefe, hrsg. von
J. Hofmiller u. M. Hochgesang, 1927. Ein Leben in Briefen, hrsg. von A. Keller, 1963. L. T.-I. Taschner: Eine bayerische Freundschaft in Briefen, hrsg.
von R. Lemp, 1971.

Literatur

G. Hermann, L. T., in: LE, Jg. 8 (1905/06), Sp. 773–781.
Kerr, 1917, Bd. I, S. 295–298, Bd. III, S. 76–83.
A. Drews, L. T., in: PJb., Bd. 178, 1919, S. 340–345.
F. Dehnow, L. T., 1925.
O. Gluth, L. T., in: DBJb., Bd. 3, 1927, S. 257–263.
W. Diamond, L. T., in: MH, Jg. 21 (1929), S. 97–101.
A. Stark, Die Bauern bei L. T. mit besonderer Berücksichtigung der Dachau-
er Bauern, Diss. München 1937.
E. Cornelius, Das epische und dramatische Schaffen L. T's, Diss. Breslau
1939.
K. Holm, Farbiger Abglanz, 1940, S. 3–20.
E. Hederer, L. T. 1941.
K. A. v. Müller, Unter weißblauem Himmel, 1952, S. 186–200.
W. L. Heilbronner, L. T. as a Social and Political Critic and Satrist, Ph. D. Diss.
Michigan 1955.
Ders., A. Reappraisal of L. T., in: GQ, 30 (1957), S. 247–253.
Soergel/Hohoff, 1961, S. 640–649.
F. Heinle, L. T. in Selbstzeugnissen und Bilddokumenten, 1963.
R. Ziersch, L. T., 1964.
G. Thumser, L. T. und seine Welt, 1966.
R. Lemp, Das L. T.-Archiv der Stadtbibliothek München, in: L. T. zum
100. Geb., hrsg. von der Stadtbibl. München, 1967, S. 7–67.
L. Hollweck, Literatur über L. T. in der Stadtbibl. München, ebda., S. 69–109.
J. M. Bauer, Die Erhebung des Bayrischen zur großen Sprache durch L. T., in:

Bayrische Literaturgeschichte in ausgewählten Beispielen, Bd. II, hrsg. von E. Dünninger u. D. Kiesselbach, 1967, S. 336–352.

J. P. Sandrock, L. T. Aspects of His Art, Göppingen 1975.

C. N. Jones, Tradition and Innovation: The »Volksstücke« of L. T., Ph. D. Diss. Univ. of North Carolina 1976.

Ders., L. T's »Magdalena«: A Transitional »Volksstück«, in: Seminar, 16 (1980), S. 83–95.

P. Haage, L. T.: Bürgerschreck und Volksschriftsteller, 1982.

H. Ahrens, L. T., 1983.

R. Lemp, L. T., 1984.

In Norddeutschland kann der Mecklenburger *Fritz Stavenhagen* (1876–1906) als Nachzügler der naturalistischen Dramatiker betrachtet werden. Die Forschung hat sich bis in die späten 30er Jahre hinein eifrig um ihn bemüht, dann ist es still um ihn geworden. In den letzten Jahren ist er lediglich in größerem Rahmen behandelt worden. Stavenhagen, früh in verschiedenen Berufen tätig, bildete sich autodidaktisch weiter und vollendete im Herbst 1900 den in niederdeutscher Mundart geschriebenen Einakter »Der Lotse«. In diesem Werk stürzt sich ein für den Ruhestand reifer Lotse aus dem Fenster, um seinem Sohn, der mit der Marine nach Ostasien fahren soll, seinen Platz abzutreten. Man glaubt nicht recht an das Ende, nimmt es aber mit in Kauf, weil die Charakterisierungskunst des Autors und seine sprachliche Gestaltung bestechen. Ähnlich ist es mit dem niederdeutschen Volksstück »Jürgen Piepers« (1901). Es schildert das Schicksal eines Großbauern, dessen Streben allein darauf gerichtet ist, seinen Besitz zu vergrößern. Das Naturalistische dieses Stückes leidet unter der unbotmäßigen Entfaltung theatralischer Elemente; nur die Gestaltung des einzelnen bekundet den sicheren Griff des Autors.

In der Folgezeit schuf Stavenhagen, der allmählich, obwohl er sich dagegen sträubte, in den Bann Gerhart Hauptmanns geriet, u. a. sein Hauptwerk: »Mudder Mews« (1904). In diesem »naturalistischen Milieudrama« (A. Soergel) wird die Ehe eines Fischers durch seine Mutter zerstört; diese, eine »Hanne Schäl in späteren Jahren« (F. Stavenhagen), übernimmt das Regiment im Hause ihres Sohnes und treibt dessen Frau ins Wasser. Geradlinig wird die Handlung geführt, bezwingend wirkt die stete Steigerung der Spannung, die Sprachkraft des Autors, seine Charakterzeichnung und Fülle des Details. Das Ziel, das sich Stavenhagen gesetzt hatte, nämlich das niederdeutsche Bühnendrama aufs neue zu begründen und lebensfähig zu erhalten, hatte er mit der Vollendung der »Mudder Mews« erreicht. Bald nach der Uraufführung wurde ihm eine leitende Stelle am Schillertheater angeboten, doch ließ sein schlechter Gesundheitszustand keine produktive dramaturgische Tätigkeit zu. Er erlebte noch den Erfolg seiner Bauernkomödie »De ruge Hoff« (1906), einem durch und durch naturalistischen Stück, in dem die gesellschaftskritische Haltung des Autors behutsam ins Spiel gebracht wird. Seine letzte dramatische Arbeit, »De Kinner«, blieb Fragment.

Uraufführungen
»Der Lotse«, 15. Mai 1904, Hamburg (Thaliatheater). »Jürgen Piepers«, 23. Febr. 1905, Hamburg (Thaliatheater). »Mudder Mews«, 10. Dez. 1905, Hamburg (Stadttheater). »De ruge Hoff«, 17. März 1906, Hamburg (Carl-Schultze-Theater).

Erstdrucke
»Der Lotse«. Hamburg: A. Harms 1901. »Jürgen Piepers«. Ebda. 1901. »Mudder Mews«. Hamburg: Gutenberg-Verlag Dr. Schultze 1904. »De ruge Hoff«. Ebda. 1906.

Literatur

W. Poeck, Ein niederdeutscher Dramatiker, in: LE, Jg. 7 (1904/05), Sp. 773–775.
H. Winand, Niederdeutsche Dramatik, in: Die Schaubühne, Jg. 2 (1906), Bd. 1, S. 684–686.
A. Bartels, F. St., 1907.
R. Dohse, H. Seidel u. F. St., 1907.
Stern, 1909, S. 461–463.
B. Diederich, Hamburger Poeten, 1911, S. 97–110.
Soergel, 1911, S. 839–843.
J. Platte, F. St. als niederdeutscher Dramatiker, Diss. Münster 1923.
Bab, 1925, S. 706–707.
C. Stolle, F. St's »Mudder Mews«, 1926.
A. Becker, St. und seine Stellung in der Entwicklung des deutschen Dramas, 1927.
H. Spiero, Deutsche Köpfe, 1927, S. 325–333.
Kauermann, 1933, S. 94–101.
Bleich, 1936, S. 80–82 et passim.
W. J. Schröder, F. St. Leben und Werk, 1937.
Fechter, 1938, S. 203–205.
W. Lindow, Das Sprichwort als stilistisches und dramatisches Mittel in der Schauspieldichtung St's, Boßdorfs und Schureks, in: Niederdt. Jb., Jg. 84 (1961), S. 97–116.
J. Arp, Der Mensch in der niederdeutschen Komödie, 1964, passim.

III. Stand und Aufgaben der Forschung

Abgesehen von der Tatsache, daß der Naturalismus für viele Forscher etwas durchaus Abfälliges bedeutete, lief eine andere, auch heute noch sich auswirkende Tendenz der sachgerechten Erforschung des naturalistischen Dramas im deutschen Sprachgebiet zuwider: nämlich die Reduktion der Wichtigkeit der Epochenbegriffe (s. dazu J. Hermand, ›Slg. Metzler‹ 41). Oft trat man mit Vorurteilen oder doch mit einer gewissen Voreingenommenheit an die Dichtung des Naturalismus heran und bemühte sich, möglichst unnaturalistische Züge aufzudecken oder nur personal-stilistische Aspekte festzulegen. Zudem beanspruchte Gerhart Hauptmann das Interesse der Forschung derart, daß die Diskussion der anderen naturalistischen Dramatiker ins Hintertreffen geriet. Wiewohl diese Verdrängung in Anbetracht der überragenden Bedeutung, die Hauptmann zukommt, berechtigt war, bis zu einem gewissen Grade jedenfalls, hat es die Erforschung des naturalistischen Dramas eher gehemmt als gefördert. Es bewirkte u. a., daß viele Probleme wohl im Rahmen des dramatischen Schaffens Hauptmanns behandelt wurden, nicht aber, oder nur in unzureichender Weise, im Rahmen des naturalistischen Dramas als Ganzem. Abgesehen davon, daß die charakteristischen Phänomene einer Epoche bei den Autoren minderen Ranges gewöhnlich in viel bezeichnenderer Weise hervortreten, hat diese Tendenz dazu beigetragen, daß wir ein unvollständiges und in vielem auch undifferenziertes Bild des deutschen naturalistischen Dramas erhalten haben.

Zudem ist zu beachten, daß in begriffsgeschichtlicher Hinsicht beträchtliche Unklarheiten bestehen. Ein in den späten 80er Jahren von D. Kafitz vorgelegter Aufsatz über den Naturalismus-Begriff und die Tendenzen der Forschung hat ergeben, daß der Naturalismus »weder eine sozialistische noch eine extrem realistische oder exakt naturwissenschaftliche Literaturbewegung« war und daß er auch nicht durch die »neuere ideologiekritische oder diskursanalytische Relativierung solcher Feststellungen« ausreichend erfaßt wird (S. 29). Der Naturalismus sei »primär biologistisch bestimmt«, meint Kafitz, und die Bedeutung des Darwinismus für die Zeit müsse weiter sondiert werden. Dem sei hinzugefügt, daß, um zu einer mehr umfassenden Begriffsbestimmung des Naturalismus zu gelangen, etwas weiter ausgegriffen werden müßte. Die verschiedenen nationalen Spielarten des Naturalismus sollten stärker berücksichtigt werden. Als Ausgangspunkt könnte »Le Naturalisme« (1982) von Y. Chevrel dienen.

Wenn wir das vorliegende Schrifttum überblicken, so zeigt sich, daß das Schwergewicht der wissenschaftlichen Bemühungen auf der Erforschung der Bau- und Gestaltungstendenzen liegt. Unterschiedlich zu bewertende Untersuchungen über den Wert des Monologs, die Dialogführung, Szenenanweisungen und andere Kompositionselemente des naturalistischen Dramas sowie die schauspielerische Sprechweise und den Theaterstil des Naturalismus liegen vor. Hervorzuheben ist neben O. *Doells* Studie (1910) über die naturalistische Form, die sich jedoch lediglich auf Werke bis zum Jahre 1890 erstreckt, die Dissertation von *E. H. Bleich* über den »Boten aus der Fremde als formbedingenden Kompositionsfaktor im Drama des deutschen Naturalismus« (1936); diese Arbeit ist einer der grundlegenden Beiträge zur Dramaturgie des naturalistischen Dramas, zumal die Dramatiker jener Zeit dem Motiv des »Boten aus der Fremde« sehr bald eine »vorherrschende dramatische Funktion« (B. Markwardt) zukommen ließen. Grundlegend in Hinsicht auf die charaktcristischen Merkmale des neuen Dramas ist auch *A. Kerrs* Diskussion über die »Technik des realistischen Dramas« (zuerst 1891); Kerr greift darin auf Lessing zurück und geht von den programmatischen Bestrebungen der Naturalisten aus, um ihre Dramenproduktion daran zu messen und die Züge der neuen Dramentechnik festzulegen. Von den neueren Arbeiten ist *A. Müllers* Einleitung zum Sammelband »Dramen des Naturalismus« (1962) zu erwähnen; er unterstreicht darin das große Verdienst Kerrs und stützt sich weitgehend auf ihn. Weiter bietet *W. Kaysers* Aufsatz »Zur Dramaturgie des naturalistischen Dramas« (1956) einige fruchtbare Anregungen; auch *H. Prascheks* Untersuchungen über »Das Verhältnis von Kunsttheoric und Kunstschaffen im Bereich der deutschen naturalistischen Dramatik« (1957) sowie *R. Hamann/J. Hermand* in dem Kapitel »Naturalismus als Stilprinzip« (in: »Naturalismus«, 1959) danken wir eine Fülle von wichtigen Hinweisen. Die zu gleicher Zeit entstandene Dissertation von *Theo van Alst* über die »Gestaltungsprinzipien des szenischen Naturalismus« (1959) ist eine bühnentechnische Arbeit, in der es dem Autor um die Beschaffenheit des naturalistischen Bühnenraums und des theatralischen Raumerlebnisses der naturalistischen Dramatiker geht. J. Hintzes Studie (1969) über das Raumproblem im modernen deutschen Drama bewegt sich in ähnlichen Bahnen; die naturalistische Raumkonzeption wird in größerem Rahmen ausführlich behandelt. D. Kafitz (1978) erarbeitet ein Strukturmodell naturalistischer Dramatik, das an zeitgegebenen anthropologischen Erkenntnissen orientiert ist; es erweist sich jedoch, daß es über Holz und Schlaf hinaus nicht anwendbar ist.

Was einige ältere Studien anbelangt, so bedarf *L. Flatau-Dahlbergs* Dissertation (1907) über den Monolog im naturalistischen Drama einiger ergänzender Ausführungen, namentlich in Hinsicht auf die Folgeerscheinungen der Monolog-Elimination. Ähnlich ist es mit *H. Thielmanns* Arbeit über »Stil und Technik des Dialogs im neueren Drama« (1937). Thielmann untersucht, um seiner Zielsetzung (Festlegung eines der Zeit vom Naturalismus bis zum Expressionismus eigenen Stilcharakters des Dialogs) gerecht zu werden, eine Reihe von charakteristischen Werken; hinsichtlich des naturalistischen Dramas befaßt er sich vornehmlich mit dem Schaffen G. Hauptmanns; er betont in den Folgerungen, daß der naturalistische Dialog einen »novellistischen Charakter« (S. 65) angenommen habe. Eine Arbeit jüngeren Datums über den Dialog im modernen deutschen Drama, die von L. Lucas (1969), bleibt unzulänglich; sie stützt sich, was Naturalismus betrifft, lediglich auf »Rose Bernd«. Dasselbe gilt für R. Zimmers (1982) Untersuchung des dramatischen Dialogs; hier wird nur das Schauspiel »Die Weber« herangezogen.

Die systematische Überprüfung der Stilhaltung einzelner Autoren bietet noch Raum für viele Einzeluntersuchungen. Bezüglich der Sprachgestaltung der Naturalisten würde es sich lohnen, die Verwendung des mimisch-gestischen Elements, dessen eminente Rolle bei Hauptmann deutlich erkannt worden ist, in den Werken anderer naturalistischer Dramatiker (z. B. Hirschfeld und Rosmer) zu untersuchen. Auch das Gestaltungsmittel der Stimmungswiedergabe ist bisher kaum untersucht worden. Ansätze sind vielfach vorhanden, doch liegt m. W. nur eine sich auf das Dramenwerk Max Halbes beziehende Sonderuntersuchung dieses Phänomens der Sprachbehandlung vor. Auch fehlen detaillierte Untersuchungen über den sprachlichen Aufwand in den Dialektstücken sowie über die Bildgebung der Naturalisten. In letzterer Hinsicht ist allerdings *H. Meixners* Dissertation über die »Naturalistische Natur: Bild und Begriff der Natur im naturalistischen deutschen Drama« (1961) zu vermerken; anhand einiger repräsentativer Bühnenwerke werden in dieser Studie die für den Begriff der »naturalistischen Natur« bezeichnenden Symptome herausgearbeitet und im Zusammenhang mit der geschichtlichen Wirklichkeit diskutiert; der Hauptakzent liegt auf der Erfassung dieser Merkmale, und die Bemühungen gipfeln in einer Präzisierung des Begriffs »naturalistische Natur«. Es fehlt eine umfassende Erörterung der Typologie der Charaktere im naturalistischen Drama. *L. Kupfer-Kahns* »Versuch einer Sozialcharakterologie der dichterischen Gestalten des Naturalismus« (1952) fällt in dieser Beziehung nicht ins Gewicht. Es ist eine sozialpsychologische Arbeit, in der auf dem Felde der Literatur munter herumgepflügt wird, um zu ergründen, ob es auch dem literarischen Schaffen der Naturalisten zu verdanken sei, daß sich des Menschen »entwicklungssozialpsychologisches« Denken geändert hat.

Die Dissertation von *D. Dibelius* (1935) über die Exposition im naturalistischen Drama – die sich hauptsächlich mit Holz, Schlaf und G. Hauptmann befaßt – hätte zwar auf umfangreicherer Materialbasis fundiert werden können, aber die Handhabung und Wertung dieses Kompositionselements ist hier wohl doch in ausreichender Weise untersucht worden. Einige andere Kompositionsfaktoren des naturalistischen Dramas – z. B. die Szenen- und Aktausgänge – wurden dagegen bisher noch nicht mit der nötigen Ausführlichkeit behandelt. Zudem fehlen Arbeiten über die Technik der Vorausdeutung, die Handhabung der Retardation und die Bedeutung der Nebenhandlung. Auf die Möglichkeit einer Studie über die »lyrischen Einlagerungen und Wirkungsformen« im Drama des Naturalismus hat bereits B. Markwardt hingewiesen.

Das Phänomen der Episierung in den Werken der naturalistischen Dramatiker bedarf ergänzender Untersuchungen. Zwar ist die Präsenz epischer Strukturelemente schon oft wahrgenommen und einige Vorarbeit in dieser Hinsicht ist auch bereits geleistet worden, doch sind im Licht von *P. Szondis* Bemerkungen über diese Tendenz und bezüglich ihrer In-Beziehungsetzung zur weiteren Entwicklung des modernen Dramas zusätzliche wissenschaftliche Bemühungen notwendig. Besonders anzuführen ist in dieser Beziehung R. Grimms Aufsatz über »Naturalismus und episches Drama« (1966); er befaßt sich mit Brechts Verhältnis zum Naturalismus und weist darauf hin, daß es sich bei den epischen Erscheinungsformen im Drama Brechts und der Naturalisten um grundverschiedene Arten des Epischen handelt; in Anlehnung an F. K. Stanzel (»Die typischen Erzählsituationen im Roman«, 1955) wird das Epische bei den Naturalisten mit dem »neutralen« Roman, das Epische bei Brecht mit dem »auktorialen« Roman verglichen.

In beträchtlichem Maße hat sich die Forschung auch mit thematisch-weltanschaulichen Aspekten des naturalistischen Dramas auseinandergesetzt. Vorwegzunehmen ist hier, daß noch viele Motive bzw. Motivkomplexe der zusammenfassenden Darstellung harren. Das gilt beispielsweise für das Motiv des Heimkehrers, der »gefallenen« Frau, der feindlichen Brüder, für die Motive Stadt und Land und Vater und Sohn. Die Behandlung des Vater-Sohn-Motivs dürfte in Hinsicht auf die Bedeutung, die es später im Expressionismus einnehmen sollte, von besonderem Interesse sein. Neben einigen Untersuchungen, die sich mit der Frage der Frauenemanzipation (vor allem K. Remmers, H. Guntrum und M. Giesing), der Wechselbeziehung zwischen Optimismus und Pessimismus *(M. Boulby)*, der freireligiösen Anschauungen *(E. T. Mohme)* und Künstlerthematik *(L. Rausch)* im Drama des Naturalismus befassen, sind die Bestrebungen der Forschung bezüglich der Rolle des Vererbungsproblems und der sozialen Frage im naturalistischen Drama hervorzuheben.

Das Thema der Vererbung ist am eingehendsten von *W. Kauermann* (1933) bearbeitet worden. Er untersucht die Gestaltung des Vererbungsgedankens im Drama und erörtert ihn an Hand seines Vorkommens in den Werken Zolas, Ibsens und einiger deutscher Naturalisten. *G. C. Casts* Diskussion des Vererbungsthemas (1932), obwohl der Rahmen viel weiter gefaßt ist, verliert bei einem Vergleich mit der Untersuchung Kauermanns. Daran kann auch *H. G. Carlsons* Beitrag (1936), der als Ergänzung der Castschen Studie aufzufassen ist, nichts ändern. In den 70er Jahren ist die Rezeption der Vererbungsauffassung von G. Schmidt beleuchtet worden. Er folgert u. a., daß das Problem der Vererbung die Grundlage einer »mechanisch-deterministischen Wirklichkeitssicht und eines biologistischen Menschenbildes« (S. 176) wurde.

Vielfach ist die soziale Problematik im naturalistischen Drama behandelt worden. *M. Günther* hatte sich bereits 1912 mit den soziologischen Grundlagen der naturalistischen Dramatik befaßt; *B. Manns* untersuchte kurz darauf (1913) vor allem die Dramen des 19. Jhs., insoweit in ihnen soziale Probleme zur Darstellung gelangten, und *C. Kniffler* setzte sich in seiner Arbeit (1929) speziell mit den sozialen Dramen der 80er und 90er Jahre auseinander und ging der Frage nach, inwieweit die sozialrevolutionäre Bewegung im Drama einen Niederschlag gefunden habe. Seine Ausführungen gipfelten in der Feststellung, daß in den letzten Jahrzehnten des 19. Jhs. keine »Synthese zwischen gesellschaftlichen und literarischen Umsturzbewegungen« (S. 58) geschaffen worden sei. Einige Jahre darauf trat *J. Hundt* mit einer soziologisch orientierten Dissertation über »Das Proletariat und die soziale Frage im Spiegel der naturalistischen Dichtung« (1933) hervor. Hundt ging es um die Wiedergabe des Proletarierbildes in den Werken der Naturalisten und die Herausarbeitung unterschiedlicher Züge vornaturalistischer und naturalistischer Darstellungen dieses Bildes; er kam zu dem Schluß, daß bei den Naturalisten die Darstellung der Existenzbedingungen des vierten Standes und der Wesensart des Proletariers im allgemeinen der Wirklichkeit entspräche. Von den neueren Arbeiten verdienen die Darlegungen *R. Hamanns/J. Hermands* über die »Soziale

Frage« (in: »Naturalismus«, 1959) besondere Erwähnung, desgleichen die Untersuchungen U. Münchows über die frühe sozialistische Dramatik und deren Verbindungslinien zum Naturalismus. Sie stellt fest, daß die Arbeiterschriftsteller von den Naturalisten gelernt haben, vor allem in Hinsicht auf Milieu- und Sprachgestaltung, daß sie sich jedoch durch ihre »Parteilichkeit« von ihnen unterschieden. Zu erwägen wäre, ob nicht (neben Rosenow) einige dieser Schriftsteller in stärkerem Maße als naturalistische Dramatiker betrachtet werden sollten. Viel hängt in dieser Beziehung vom Naturalismus-Verständnis der Betrachtenden ab, auch sollte dafür eine nicht ans Ideologische gebundene Position eingenommen werden. Eine Untersuchung der literarischen Gestaltungsweise Ernst Preczangs, beispielsweise, mag sich der Mühe lohnen.

Was die Theorie und Gattungsformen der naturalistischen Dramatik betrifft, ist zunächst auf die inadäquate Behandlung des Tragischen im naturalistischen Drama bei *E. Brendle* (1940) hinzuweisen und demgegenüber die eingehende Darstellung des Tragikomischen im »Umkreis des Naturalismus« von *K. S. Guthke* (in: »Geschichte und Poetik der deutschen Tragikomödie«, 1961) hervorzuheben. Festzuhalten ist Guthkes Hinweis, daß die Form der Tragikomödie (bei einem weitgefaßten Begriff der Tragikomödie) dem Kunstwollen der Naturalisten »am kongenialsten« war. Auf der Ebene dieses Problemkreises (Theorie und Gattungsformen) vermißt man zusammenfassende Untersuchungen über das Satirisch-Parodistische und über den Humor bei den Naturalisten.

Bezüglich des Verhältnisses der Theorie zum Dramenwerk der Naturalisten ist *R. Hartogs'* Arbeit über »Die Theorie des Dramas im deutschen Naturalismus« (1931) zu erwähnen. Hartogs war bestrebt, ein umfassendes Bild der dramatischen Theorie des Naturalismus aufgrund theoretischer Äußerungen und auch der künstlerischen Werke G. Hauptmanns herauszuarbeiten. Die Begriffsbestimmung des naturalistischen Dramas, die er darbot, ist jedoch bereits von *E. H. Bleich* ergänzt worden. Aus der Nachkriegszeit liegen einige Arbeiten vor, die sich mit diesen Problemen befassen. *H. Praschek* kommt in seiner Dissertation (1957) zu dem Ergebnis, daß die theoretischen Formulierungen des Naturalisten vielfach ins Extreme gingen, in der Praxis aber nicht konsequent verwirklicht wurden. Auch Probleme der Komposition, Personen- und Sprachgestaltung werden in dieser wichtigen Arbeit eingehend behandelt. Besonders zu vermerken sind Prascheks Ausführungen über das Verhältnis der Naturalisten zum historischen Drama. *B. Markwardt* hat im V. Band seiner Poetik die kunsttheoretischen Bestrebungen der Naturalisten einer eingehenden Untersuchung unterzogen. Der Nachdruck liegt hier auf der Kunstanschauung und »Dichtungsdeutung« der Naturalisten; gattungs- und dichtungstheoretische Aspekte des naturalistischen Dramas werden an untergeordneter Stelle diskutiert; es geht Markwardt um die »tragenden Grundstrukturen« (S. 5) des Naturalismus. Den ästhetischen Anschauungen der Naturalisten gilt auch das Interesse J. Hryńczuks (1968); er unterstreicht den fortschrittlichen Charakter ihrer Ästhetik und stellt fest, daß in Deutschland der Naturalismus in stärkerem Maße als in Frankreich von den Strömungen der subjektivistischen Philosophie erfaßt wurde. Im Umkreis der Ästhetik bewegt sich auch J. Kolkenbrock-Netz (1981). Sie untersucht die »ästhetische Selbstlegitimation des Naturalismus« vor dem Hintergrund überkommener ästhetischer Konzeptionen und hinsichtlich der institutionellen Gegebenheiten. Hervorgehoben wird der »kompromißhafte Charakter« der naturalistischen Literatur. In den 70er Jahren haben E. McInnes und H. Koopmann die Traditionsgebundenheit der naturalistischen Literaturtheorie hervorgehoben, und G. Schulz hat auf die Idealisierungstendenzen der Theoretiker hingewiesen. Wesentliches über die Dramaturgie des Naturalismus könne man erst nach Einsetzen der dichterischen Produktion finden. Auch ließen sich zwischen dem Drama der Naturalisten und dem Theater des 20. Jahrhunderts enge Verbindungen aufweisen, – schon weil sich hier ein neues Verhältnis zwischen Publikum und Bühne und eine immer stärker werdende »Tendenz zur Intellektualisierung der Kunst« (S. 423) anbahnte. Ein Versuch A. v. Bormanns, das naturalistische Drama mit der Gattung des bürgerlichen Trauerspiels zu verbinden, wurde skeptisch aufgenommen, und es wurde bezweifelt, daß die Kategorien Benjamins, die Bormann herangezogen hatte, »auf andere geschichtliche Phasen anwendbar seien« (S. 76). Mit dem Verhältnis von Literaturtheorie und der Theaterpraxis Brahms hat sich P. Sprengel befaßt. Es ergibt sich, daß konservative Momente in Theorie und Praxis viel stärker waren, als bisher angenommen wurde.

Fragen des aus- und inländischen Einflusses sind vielfach behandelt worden, besonders hinsichtlich der Einwirkung Ibsens und Zolas. Eine der letzten Arbeiten, die darüber erschienen ist, die Dissertation von V. I. Moe (1983), stellt nochmals die Bedeutung dieser ausländischen Vorbilder (und auch Dostojewskis) heraus und bietet eine Zusammenschau des vorliegenden Materials. Bezüglich Tolstoi liegen einige Untersuchungen vor; sie beschränken sich jedoch zumeist auf seine Einwirkung auf G. Hauptmann. In dem zuletzt erschienenen Werk dieser Art, *G. Kerstens* Studie über »G. Hauptmann und L. N. Tolstoi« (1966), wird auch die deutsche Tolstoi-Rezeption von 1885 bis 1910 diskutiert, nicht aber die mögliche Einwirkung Tolstois auf andere naturalistische Dramatiker im deutschen Sprachraum erwogen. Die Wirkung Björnsons im deutschen Sprachbereich ist in den 70er Jahren in einer Dissertation von W. Pasche in detaillierter Weise dargelegt worden, und auch die Bedeutung Strindbergs ist verschiedentlich erörtert worden, von F. Paul, R. Bernhardt und anderen.

Die Sondierung des Einflusses des Volksstücks auf das naturalistische Drama ist seit dem Erscheinen der 3. Auflage des Realienbandes über das diesbezügliche Studium Anzengrubers hinausgekommen. Vor allem P. Haida und J. Hein haben sich in einem Arbeitsbuch über das Volksstück (1989) intensiv mit dieser Gattung befaßt und auch die Beziehung zum Naturalismus untersucht. Es wird festgehalten, daß der Naturalismus einige Elemente des Volksstücks aufnimmt und der Tendenz der Gattung, nämlich auf reale Probleme des Volkes einzugehen, stark entgegenkommt. Zu vermerken ist, daß noch Raum bleibt für auf Autoren und Werke gerichtete Einzeluntersuchungen. Die Bedeutung Lessings für die Theoretiker des deutschen Naturalismus ist in den 80er Jahren von R. Bernhardt untersucht worden. Man vermißt jedoch eine Arbeit über Hebbels Einfluß auf das naturalistische Drama; Ansatzpunkte lassen sich in der Hauptmannforschung, bei B. Markwardt und W. R. Maurer finden. Maurer befaßt sich mit dem spezifischen Urteil naturalistischer Kritiker und folgert, daß sie Hebbel nicht zu seiner damals wieder einsetzenden Popularität verhalfen. Auch Nietzsches Bedeutung für das Werk der naturalistischen Dramatiker ist noch nicht in umfassender Weise dargestellt worden. Seine Einwirkung auf Sudermann und Hauptmann ist untersucht worden, doch fehlt eine Arbeit, die sich eingehend mit seinem Einfluß auf die anderen Naturalisten befaßt. Eine Studie über die Wirkungsgeschichte Hauptmanns im Rahmen des deutschen Naturalismus ist in den 80er Jahren von A. Marshall vorgelegt worden. Im deutschen Sprachbereich blieb sie jedoch ohne merklichen Widerhall; über die Frage nach den Hauptmann-Epigonen herrscht dort nach wie vor Unklarheit. Ein diesbezüglicher Artikel in einer deutschen Fachzeitschrift könnte hier Abhilfe schaffen.

Das Verhältnis der naturalistischen Dramatik zu anderen literarischen Strömungen und Perioden ist in einigen Arbeiten erörtert worden, selten jedoch in einer Form, die den weiteren Ausbau der Gedankenführung unnötig machen würde. Trotz vielfacher Ansätze fehlt eine umfassende Studie über die Verbindungslinien des Naturalismus zur Heimatkunst. Ähnlich ist es mit dem Verhältnis des Naturalismus zur Dichtung des Sturm und Drang. Einige Einzeluntersuchungen (besonders im Hinblick auf Lenz) liegen vor, und diesbezügliche Parallelen und Einflüsse werden oftmals angeführt, doch scheint die eingehendste Arbeit, die darüber erschienen ist, ein Vortrag *Carl Vollmöllers* aus dem Jahre 1897 zu sein.

Die Beiträge einiger literarischer Zeitschriften zum Kunstschaffen des Naturalismus sind bereits erforscht worden, doch fehlt eine Untersuchung über die Wochenschrift ›Deutschland‹,, die »Freie Volksbühne‹, die ›Wiener Literaturzeitung‹ u. a. m. Der Verein ›Freie Bühne‹ ist vielfach Gegenstand wissenschaftlicher Bemühungen gewesen, doch ist seine Geschichte und Leistung erst in den 60er Jahren (G. Schley, 1967) in umfassender Weise dargestellt worden. Von den Schößlingen der ›Freien Bühne‹ bzw. den Gründungen ähnlicher Unternehmen, denen sie als Vorbild galt, ist lediglich die »Volksbühne« näher untersucht worden. Untersuchungen über den Beitrag studentischer Vereine und Künstlervereinigungen, die das Drama der »Moderne« gefördert haben, stehen noch weitgehend aus.

Der Kritik an den Dramen des Naturalismus ist einige Aufmerksamkeit geschenkt worden. Aus neuerer Zeit ist in dieser Beziehung vor allem die Dissertation von *W. Ackermann* (1965) zu vermerken; er beschränkt sich auf die Sondierung des zu einigen Bühnenwerken von Holz, Schlaf und Hauptmann vorliegenden Materials und kommt u. a. zu dem Schluß, daß die Kritiker in vielem zu vorurteilsvoll zu Werke gingen und oftmals traditionsgebunden arbeiteten. Den Ausführungen G. Fülberths (1972) über die Auseinandersetzungen sozialdemokratischer Literaturkritiker mit dem Naturalismus (anhand der ›Neuen Zeit‹) kommt Informationswert zu. Bezüglich des Verhältnisses der Naturalisten zur Sozialdemokratie sind zwei Arbeiten aus dem Sammelband Naturalismus (1974) wichtig: H. Scheuers Ausführungen über die Abkehr der Naturalisten vom Parteisozialismus und D. Pfortes Beitrag über den Respons der sozialdemokratischen Literaturkritiker auf die naturalistische Herausforderung.

An letzter Stelle möge noch ein Hinweis auf die Textsituation stehen. Seit Erscheinen der 1. Auflage hat sich auf diesem Sektor einiges geändert. In der DDR ist eine zweibändige Ausgabe naturalistischer Werke (U. Münchow) erschienen, und im Westen liegen Anthologien naturalistischer Dramen (W. Rothe, R. C. Cowen), ein Band ›Einakter des Naturalismus‹ sowie verschiedene andere Bände (vornehmlich in RUB) mit naturalistischen Texten vor. Auch der Nachdruck einiger wichtiger Zeitschriften (›Die Gesellschaft‹, ›Freie Bühne‹) ist inzwischen vollzogen worden.

Literatur

Gesamtdarstellung
Benoist-Hanappier, 1905.
E. Mauerhof, Das naturalistische Drama, 1907.
Bab, 1925.
H. Röhl, Der Naturalismus: Ein Überblick über die literarische Bewegung in
    Deutschland gegen Ende des 19. Jhs., 1927.
W. Linden, Naturalismus, 1936, S. 5–21.
Hamann u. Hermand, 1959 und 1977.
R. Leppla, Naturalismus, in: RL, Bd. 2, ^{2}1963, S. 602–611.
I. A. Chiusano, Il naturalismo, in: Il teatro tedesco dal naturalismo all'es-
    pressionismo (1889–1925), Bologna 1964, S. 15–66.
G. Schulz, Naturalism, in: J. M. Ritchie (Hrsg.), Periods in German Literatu-
    re, London 1966, S. 199–225.
Münchow, 1968 (s. auch M's Nachwort in: Naturalismus 1892–1899, 1970,
    S. 699–729.
L. R. Furst und P. N. Skrine, Naturalism, London 1971.
J. Osborne, The Naturalist Drama in Germany, Manchester 1971.
Cowen, 1973, ^{3}1981.
Mahal, 1975.
H. Scheuer, Der deutsche Naturalismus, in: Neues Handbuch der Literatur-
    wissenschaft 18: Jahrhundertende – Jahrhundertwende, hrsg. von
    H. Kreuzer u. a., 1976, S. 153–186.
Y. Chevrel, Le Naturalisme, Paris 1982.
H. Möbius, Der Naturalismus, 1982.
– Besonders wertvoll sind noch folgende literarhistorische Darstellungen:
Steiger, 1898.
Hanstein, 1900.
S. Lublinski, Die Bilanz der Moderne, 1904.
Arnold, 1908.
Soergel, 1911.
Borchmeyer, 1980.

Gestaltungstendenzen und dramaturgische Prinzipien
H. Wunderlich, Zur Sprache des neuesten deutschen Schauspiels, in: Neue
    Heidelberger Jahrbücher, Jg. 3 (1893), S. 251–259, Jg. 4 (1894), S. 114–142.
Gottschall, 1900, S. 109–114.
A. Stoeckius, Naturalism in the Recent German Drama with Special Refe-
    rence to G. Hauptmann, Ph. D. Diss. Columbia 1903.
Wethly, 1903, S. 1–17.
L. Flatau-Dahlberg, Der Wert des Monologs im realistisch-naturalistischen
    Drama der Gegenwart, Diss. Bern 1907.
G. Litzmann, Das naturalistische Drama. Von seiner Entstehung und Tech-
    nik (Mitteilungen der Literarhistorischen Gesellschaft Bonn, Jg. 2, Nr. 8)),
    1907.
Doell, 1910.

O.E. Lessing, Die neue Form. Ein Beitrag zum Verständnis des deutschen Naturalismus, 1910.

Kerr, 1917, Bd. I, S. 425–445.

F. Neumann, Einwirkung des Naturalismus auf das Theater im Anschluß an die szenischen Bemerkungen, Diss. Wien 1919.

W. Meincke, Die Szenenanweisungen im deutschen naturalistischen Drama, Diss. Rostock 1924.

Maleczek, 1928.

A. Bosselt, Das Zimmer auf der Bühne. Die Gestaltung des Innenraumes von der Kulissenbühne der klassischen Zeit bis zum Naturalismus, Diss. Kiel 1935.

D. Dibelius, Die Exposition im deutschen naturalistischen Drama, Diss. Heidelberg 1935.

Bleich, 1936.

Thielmann, 1937.

K. Faber, Der schauspielerische Sprechteil des Naturalismus, Diss. Köln 1951 (Masch.).

J. Weno, Der Theaterstil des Naturalismus, Diss. FU Berlin 1951 (Masch.).

L.M. Kupfer-Kahn, Versuch einer Sozialcharakterologie der dichterischen Gestalten des Naturalismus, Diss. Heidelberg 1952 (Masch.).

B.E. Schatzky, Stage Setting in Naturalist Drama, in: GLL; 8 (1954/55), S. 161–170.

W. Kayser, Zur Dramaturgie des naturalistischen Dramas, in: MH, Jg. 48 (1956), S. 169–181 (auch in: Die Vortragsreise, 1958).

Theo van Alst, Gestaltungsprinzipien des szenischen Naturalismus, Diss. Köln 1959 (Masch.).

Hamann/Hermand, 1959, bes. S. 278–329.

P. Szondi, Theorie des modernen Dramas, 1959, bes. S. 70–73.

Meixner, 1961.

A. Müller, Der deutsche Naturalismus auf der Bühne, in: A.M. u. H. Schlien (Hrsg.), Dramen des Naturalismus, 1962, S. 1–32.

H. Kindermann, Theatergeschichte Europas, Bd. VIII, T. 1, 1968, bes. S. 120–127.

J. Hintze, Das Raumproblem im modernen deutschen Drama und Theater, 1969, S. 9–67.

J. Osborne, Naturalism and the Dramaturgy of the Open Drama, in: GLL, 23 (1969/70), S. 119–128.

Brauneck, 1974, S. 162–175.

G. Kluge, Das verfehlte Soziale. Sentimentalität und Gefühlskitsch im Drama des deutschen Naturalismus, in: ZfdPh., 96 (1977), S. 195–234.

D. Kafitz, Struktur und Menschenbild naturalistischer Dramatik, in: ZfdPh., 97 (1978), S. 225–255.

R. Zimmer, Dramatischer Dialog und außersprachlicher Kontext, 1982, S. 168–187.

Thematisch-weltanschauliche Probleme

L. v. Gizycki, Die neue Frau in der Dichtung, 1898.

K. Jaskulski, Über den Einfluß der sozialen Bewegungen auf das moderne deutsche Drama, Czernowitz 1899.

B. Manns, Das Proletariat und die Arbeiterfrage im deutschen Drama, Diss. Rostock 1913.

F. Hedler, Die Heilsbringer- und Erlöseridee im Roman und Drama des Naturalismus, Diss. Köln 1922.

Mohme, 1927.

Guntrum, 1928.

Kniffler, 1929.

J. Hundt, Das Proletariat und die soziale Frage im Spiegel der naturalistischen Dichtung (1884–1890), Diss. Rostock 1931.

L. Rausch, Die Gestalt des Künstlers in der Dichtung des Naturalismus, Diss. Gießen 1931.

K. Remmers, Die Frau im Frühnaturalismus, Diss. Bonn 1931.

G. C. Cast, Das Motiv der Vererbung im deutschen Drama des 19. Jahrhunderts, Madison 1932.

Kauermann, 1933.

H. G. Carlson, The Heredity Motif in the German Drama, in: GR, 11 (1936), S. 184–185.

W. H. Root, The Past as an Element in Naturalistic Tragedy: in: GR, 12 (1937), S. 177–184.

Boulby, 1951.

I. Dünhofen, Die Familie im Drama vom Beginn des Naturalismus bis zum Expressionismus um die Zeit des 1. Weltkrieges, Diss. Wien 1958 (Masch.).

A. Wettley, Entartung und Erbsünde. Der Einfluß des medizinischen Entartungsbegriffs auf den literarischen Naturalismus, in: Hochland, Jg. 51 (1958/59), S. 348–358.

Hamann/Hermand, 1959, bes. S. 228–276.

U. Münchow, Naturalismus und Proletariat. Betrachtungen zur ersten großen Literaturdiskussion der deutschen Arbeiterklasse vor der Jahrhundertwende, in: WB, 10 (1964), Heft 4, S. 599–617.

V. Hell, Die Ehe im Zeitalter des Naturalismus. Ihre soziale und ästhetische Funktion in Werken von Zola, Ibsen und G. Hauptmann, in: Recherches Germaniques, 3 (1973), S. 125–134.

D. Bänsch, Naturalism. und Frauenbewegung, in: Scheuer, 1974, S. 122–149.

Brauneck, 1974.

Scheuer, 1974, S. 150–174.

Schmidt, 1974.

L. Lowenthal, Notizen zur Literatursoziologie, 1975, S. 9–47.

U. Münchow, Arbeiterbewegung und Literatur 1860–1914, 1981.

Dies., Literatur im Spannungsfeld: Beziehungen zwischen sozialistischer und naturalistischer Literatur, in: WB, 34 (1988), S. 533–555.

L. Allan, Naturalists and the Woman Question: Images of Middle-Class »Emanzipierte« in German and Scandinavian Drama, Ph. D. Diss. Brown Univ. 1982.

Giesing, 1984.

Gattungs- und dichtungstheoretische Aspekte

– a) bezüglich Drama: R. Dehmel, Die neue deutsche Alltagstragödie, in: Ges., Jg. 8 (1892), 2. Qu., S. 475–512.

R. Hartogs, Die Theorie des Dramas im deutschen Naturalismus, Diss. Frankfurt a. M. 1931.

E. Brendle, Die Tragik im deutschen Drama vom Naturalismus bis zur Gegenwart, Diss. Tübingen 1940.

Praschek, 1957.

K. S. Guthke, Geschichte und Poetik der deutschen Tragikomödie, 1961, S. 218–266.

G. Schulz, Zur Theorie des Dramas im deutschen Naturalismus, in: Deutsche Dramentheorien, Bd. 2, hrsg. von R. Grimm, 1971 ³1981.

W. Rothe, Einleitung zu: Einakter des Naturalismus, 1973.

E. McInnes, Die naturalistische Dramentheorie und die dramaturgische Tradition, in: ZfdPh., 93 (1974), S. 161–186.

R. C. Cowen, The Significance of the »Einakter« in German Naturalism, in: MGS, 1(1975), S. 269–282.

A. v. Bormann, Ansatz und Reichweite einer histor. Gattungssemantik am Beispiel des (naturalistischen) Trauerspiels, in: Textsortenlehre – Gattungsgeschichte, hrsg. von W. Hinck, 1977, S. 45–76.

P. Sprengel, Literaturtheorie und Theaterpraxis des Naturalismus: O. Brahm, in: DU, 2/1988, S. 89–99.

– b) allgemein: E. v. Wolzogen, Humor und Naturalismus, in: FB, Jg. 1 (1890), S. 1244–1250.

V. Valentin, Der Naturalismus und seine Stellung in der Kunstentwicklung, 1891.

E. Utitz, Naturalistische Kunsttheorie, in: ZfÄ, 5 (1910), S. 87–91.

H. Kasten, Die Idee der Dichtung und des Dichters in den literarischen Theorien des sogenannten ›Deutschen Naturalismus‹, Diss. Königsberg 1938.

W. H. Root, The Naturalistic Attitude toward Aesthetics, in: GR, 13 (1938), S. 56–64.

Ders., German Naturalism and the »Aesthetic Attitude«, in: GR, 16 (1941), S. 203–215.

Markwardt, 1967, S. 1–133.

J. Hryńczuk, Poglady estetyczne naturalistow niemieckich, Wroclaw 1968.

G. Voswinkel, Der literarische Naturalismus in Deutschland. Eine Betrachtung der theoretischen Auseinandersetzungen unter besonderer Berücksichtigung der zeitgenössischen Zeitschriften, Diss. FU Berlin 1970 (Masch.).

H. Koopmann, Die Klassizität der »Moderne«, in: Beiträge zur Theorie der Künste im 19. Jahrhundert, Bd. 2, hrsg. von H. K. und J. A. Schmoll, 1972, S. 132–148.

Theorie des Naturalismus, hrsg. von T. Meyer, 1973.

Brauneck, 1974, S. 135 ff.

J. Kolkenbrock-Netz, Fabrikation, Experiment, Schöpfung: Strategien ästhetischer Legitimation im Naturalismus, 1981.

Ausländische Einflüsse
s. S. 5–8.

Anfänge des Naturalismus

(s. auch die Literaturangaben zu den theoretisch-programmatischen Bemühungen, S. 10–11.)

H. Claus, Studien zur Geschichte des deutschen Frühnaturalismus. Die deutsche Literatur von 1880–1890, 1933.

F. Pick, Die Jüngstdeutschen: Kampfstellung und Geschichtsbild, Diss. Köln 1935.

W. R. Gaede, Zur geistesgeschichtlichen Deutung des Frühnaturalismus, in: GR, 11 (1936), S. 196–206.

M. Halbe, Sämtl. Werke, Bd. 1, 1945 (Kapitel 5–7).

M. Dreyer, Aus der Frühzeit des deutschen Naturalismus. Jugenderinnerungen, in: Aufbau, 2 (1946), S. 1259–1262.

H. Miehle, Der Münchener Pseudonaturalismus der achtziger Jahre, Diss. München 1947 (Masch.).

Th. van Stockum, Die Anfänge des Naturalismus, in: NPh., Bd. 36 (1952), S. 215–224.

E. Ruprecht (Hrsg.), Literarische Manifeste des Naturalismus 1880–1892, 1962.

R. Hartl, Aufbruch zur Moderne: Naturalistisches Theater in München, Tl. 1 u. 2, 1976.

Manifeste und Dokumente zur deutschen Literatur 1880–1900, hrsg. von M. Brauneck und Chr. Müller, 1987.

Wirkungsgeschichtliche Aspekte und Verhältnis zu anderen literarischen Strömungen

C. G. Vollmöller, Die Sturm- und Drangperiode und der moderne deutsche Realismus, 1897.

Gottschall, 1900, S. 1–50.

H. Geffcken, Th. Fontane und der Naturalismus, Diss. Rostock 1920.

K. Berendt, Der deutsche Naturalismus (G. Hauptmann) in seinem Verhältnis zur klassischen Dichtung, Diss. Rostock 1924.

E. Mensing, Jüngstdeutsche Dichter in ihren Beziehungen zu J. M. R. Lenz, Diss. München 1926.

H. Röhl, Naturalismus und Sturm und Drang, in: Naturalismus, 1927, S. 5–12.

E. Kalisch, Der Gegensatz der Generationen in der Streitschriftenliteratur des deutschen Naturalismus, Diss. Berlin 1947 (Masch.).

W. H. Root, German Naturalism and Its Literary Predecessors, in: GR, 23 (1948), S. 115–123.

Mehring, 1961, S. 227–229.

U. Münchow, Die ersten Anfänge der sozialistischen Dramatik in Deutschland, in: WB, 9 (1963), Heft 4, S. 729–750 (s. auch U. M's Einleitung in: Aus den Anfängen der sozialistischen Dramatik, II, 1965, sowie die Ausführungen in: Frühes deutsches Arbeitertheater 1847–1918, hrsg. von U. M. und F. Knilli, 1970).

R. Grimm, Naturalismus und episches Drama, in: Episches Theater, hrsg. von R. G., 1966, S. 13–35.

Masahachiro Yokomizo, Der deutsche Naturalismus und Goethe, in: Goethe-Jb., 8 (1966), S. 259–275 (in japan. Sprache mit dt. Zusammenfassung).

W. R. Maurer, Hebbel im Urteil der Naturalisten, in: Hebbel-Jb., 1967, S. 107–138.

Ders., The Naturalist Image of German Literature. A Study of the German Naturalist's Appraisal of Their Literary Heritage, München 1972.

R. Bachmann, Th. Fontane und die deutschen Naturalisten. Vergleichende Studie zur Zeit- und Kunstkritik, Diss. München 1968.

R. Bernhardt, Goethe und der deutsche Naturalismus, in: WZUH, 18 (1969), S. 213–221.

S. Hoefert, Zur Nachwirkung Hebbels in der naturalistischen Ära: Max Halbe und Hebbel, in: Hebbel-Jb., 1970, S. 98–107.

G. Mahal, »Echter« und »konsequenter« Realismus. Fontane und der Naturalismus, in: Prismata. Dank an B. Hanssler, hrsg. von D. Grimm, J. Janota u. a., 1974, S. 194–204.

Marshall, 1982.

R. Bernhardt, Lessing als literarische Autorität für die Theoretiker des Naturalismus, in: Bausteine zu einer Wirkungsgeschichte Lessings, hrsg. von H.-G. Werner, 1984.

Haida, 1989.

G. Wunberg, Deutscher Naturalismus und Österreichische Moderne, in: Paradigmen der Moderne, hrsg. von H. Bachmaier, 1990, S. 105–129.

Zeitschriften

L. H. Wolf, Die ästhetische Grundlage der Literaturrevolution der achtziger Jahre. Die ›Kritischen Waffengänge‹ der Brüder Hart, Diss. Bern 1922.

K. Tillmann, Die Zeitschriften der Gebrüder Hart, Diss. München 1923 (Masch.).

M. Hausmann, Münchner Zeitschriften von 1870 bis 1890, Diss. München 1939.

A. Bürkle, Die Zeitschrift ›Freie Bühne‹ und ihr Verhältnis zur literarischen Bewegung des deutschen Naturalismus, Diss. Heidelberg 1945 (Masch.).

G. Huber, Die »Moderne Dichtung«, Diss. Wien 1946 (Masch.).

S. Fischer, Die Aufnahme des naturalistischen Theaters in der deutschen Zeitschriftenpresse, Diss. FU Berlin 1953 (Masch.).

W. Spies, Der literarische Geschmack im Ausgang des 19. Jhs. im Spiegel der deutschen Zeitschriften, Diss. Bonn 1953 (Masch.).

H. Nöhbauer, Literaturkritik und Zeitschriftenwesen 1885–1914, Diss. München 1956 (Masch.).

G. Penzoldt, S. Fischers Freie Bühne, in: Almanach des S. Fischer Verlags, 75 (1961), S. 67–78.

F. Schlawe, Literarische Zeitschriften 1885–1910, 1961, ²1965.

R. H. Paslick, Ethics versus Aesthetics at the Turn of the Century. A Battle in German Literary Periodicals, 1895–1905, Ph. D. Diss. Indiana Univ. 1962.

H. Pross, Literatur und Politik. Geschichte und Programme der politisch-literarischen Zeitschriften im deutschen Sprachgebiet seit 1870, 1965.

Kenji Shimizu, »Hihyô Seikô« ni tsuite (über ›Kritische Waffengänge‹), in: Doitsu Bunka (Tokio), 1965/66, Nr. 4, S. 129–150.

H. Weiermair, Literarische Zeitschriften Österreichs von 1890–1900, Diss. Graz 1967 (Masch.).

M. Boulby, Einleitung im Nachdruck der »Kritischen Waffengänge«, New York 1969.

N. Kreer, Der Aufstieg des Proletariats in der Prosa der Zeitschrift »Die Gesellschaft«, Ph. D. Diss. Univ. of Michigan 1971.

M. Hellge, Der Verleger Wilh. Friedrich und das »Magazin für die Literatur des In- und Auslandes«, in: Archiv für Geschichte des Buchwesens, 16. Lfg., 1976, Sp. 791–1216.

M. Dimpfl, Die Zeitschriften »Der Kunstwart«, »Freie Bühne«/»Neue Rundschau« und »Blätter für die Kunst«, in: Zur Sozialgeschichte der deutschen Literatur, II, 1990, S. 116–197.

Kritik

A. R. Schlismann, Beiträge zur Geschichte und Kritik des Naturalismus, Diss. Zürich 1903.

L. Fischer, Der Kampf um den Naturalismus (1889–1899), Diss. Rostock 1930.

Brandt, 1932.

G. Faber, Karl Bleibtreu als Literaturkritiker, 1936.

O. Koplowitz, Otto Brahm als Theaterkritiker, 1936.

M. Newmark, Otto Brahm. The Man und the Critic, New York 1938.

Y. Sturzenegger, A. Kerr. Ein Kritiker der Dramaturgie seiner Zeit, in: MuK, 5 (1959), S. 157–166.

Ackermann, 1965.

G. Fülberth, Proletarische Partei und bürgerliche Literatur, 1972, S. 84–105.

D. Pforte, Die deutsche Sozialdemokratie und die Naturalisten: Aufriß eines fruchtbaren Mißverständnisses, in: Scheuer, 1974, S. 175–205.

Allgemein über den Naturalismus

J. Hillebrand, Naturalismus schlechtweg!, in: Ges., Jg. 2 (1886), Bd. 1, S. 232–237.

C. Alberti, Der moderne Realismus in der deutschen Literatur und die Grenzen seiner Berechtigung, 1889.

A. Fried, Naturalismus. Seine Entstehung und Berechtigung, 1890.

H. Bahr, Die Überwindung des Naturalismus, 1891 (auch in: Kulturprofil der Jahrhundertwende, 1962).

L. Berg, Der Naturalismus, 1892.

K. v. Binder-Krieglstein, Realismus und Naturalismus in der Dichtung, 1892.

P. Philipp, Der Naturalismus in kritischer Beleuchtung, 1892.

M. Harden, Literatur und Theater, 1896, S. 163–178.

G. Hermann, Der tote Naturalismus, in: LE, Jg. 15 (1912/13), S. 21–29.

Kerr, 1917, Bd. I, S. 184–196.

W. H. Root, Naturalism's Debt to Wilhelm Scherer, in: GR, 11 (1936), S. 20–29.

C. Freund, Der Sinn des Naturalismus, in: Die Literatur, Bd. 39 (1937), S. 465–467.

E. Friedell, Über den Naturalismus, in: Welt und Wort, Jg. 5 (1950), S. 371–372.

G. Lukács, Skizze einer Geschichte der neueren deutschen Literatur, 1953, S. 99–114.

Brahm, 1961, S. 399–413 (auch in: Brahm, 1964).

Mehring, 1961, S. 127–133 et passim.

H. Motekat, Absicht und Irrtum des deutschen Naturalismus, in: Experiment und Tradition, 1962, S. 20–31.

A. Döblin, Aufsätze zur Literatur, 1963, S. 62–83.

A. Carlsson, Die deutsche Buchkritik von der Reformation bis zur Gegenwart, 1969, S. 193–218.

H. Markiewicz, »Zakres i treść pojęcía ›Naturalizm‹ w badaniach literackich i estetyce XX wieku,« in: KN, 18 (1971), S. 111–126.

Ders., Le naturalisme dans les recherches littéraires et dans l'esthétique du XXe siécle, in: RLC, 47 (1973), S. 256–272.

J. Hermand, Der Schein des schönen Lebens, 1972, S. 26–38.

W. Rothe, Einleitung zu: Deutsches Theater des Naturalismus, 1972.

G. Schulz, Naturalismus und Zensur, in: Scheuer, 1974, S. 93–221.

H. Linduschka, Die Auffassung vom Dichterberuf im deutschen Naturalismus, 1978.

A. Marshall, Recent Trends in Naturalist Research, in: GLL, 33 (1979/80), S. 276–290.

G. Wunberg, Naturalismus, in: Deutsche Literatur des 19. Jahrhunderts (1830–1895), 1980, S. 84–90.

R. C. Cowen, Nachwort zu: Dramen des deutschen Naturalismus von Hauptmann bis Schönherr, Bd. II, 1981.

Symposium: The Censorship of Literary Naturalism, in: Central European History, 18 (1985), S. 326–364.

Y. Chevrel, Der Naturalismus in Deutschland und Frankreich, in: Gallo-Germanica, hrsg. von E. Heftrich und J.-M. Valentin, Nancy 1986.

H.-J. Knobloch, Naturalismus – gab es das? in: Heinrich Mann-Jahrbuch, 5/1987, S. 165–188.

H. Scheuer (Hrsg.), Naturalismus-Heft, DU, 2/1988 (bes. die Beiträge von D. Kafitz u. H. Scheuer).

Register

Sammlung Metzler

Printed in the United States
By Bookmasters